AF199456

1

©Julian Niedermeier

Homepage: www.julian-niedermeier.de
Facebook: facebook.com/julian.niedermeier.9
Instagram: instagram.com/niedermeier.julian

Cover: Iris Pachsteffl

<u>Über den Autor:</u>
Julian Niedermeier wurde 1992 in München geboren und schrieb schon mit acht Jahren zwei längere Geschichten mit dem schönen Titel „Julian Superheld". Nach seinem Realschulabschluss in Passau besuchte er von 2009 bis 2012 die Akademie für Darstellende Kunst Bayern in Regensburg. Dort wuchs in ihm nicht nur die Kreativität für das Schauspiel, sondern auch für das Schreiben. So schrieb er während dieser Zeit an mehreren Kurzgeschichten, Hörspielen, Drehbüchern und auch an seinem ersten Roman „Meriti – Der Mörder", der im AAVAA-Verlag in zwei Bänden erschienen ist. Über die Luisenburgfestspiele und dem Landestheater Franken-Schwaben in Dinkelsbühl ist er momentan Schauspieler am Landestheater Niederbayern. Inzwischen hat er acht Stücke geschrieben. Eines davon („dead.zero") wurde am Landestheater Niederbayern im Rahmen der Niederbayrischen Volkstheatertage als Lesung uraufgeführt. Seine Komödie „Was die Putzfrau sah" ist im Deutschen Theaterverlag erhältlich. Regelmäßig organisiert er eigene Lesungen und ist seit 2018 auch als Poetry-Slamer unterwegs. Bereits mehrmals gewann er beim Landshuter SprechAkt-Slam.

So etwas wie Freiheit

Julian Niedermeier

Bibliografische Information der Deutschen Nationalbibliothek: Die Deutsche Nationalbibliothek verzeichnet diese Publikation in der Deutschen Nationalbibliografie; detaillierte bibliografische Daten sind im Internet über dnb.dnb.de abrufbar.

Herstellung und Verlag:
BoD – Books on Demand, Norderstedt

ISBN: 978-3-7519-5163-0

Vorwort

Als ein Mensch, der viel nachdenkt, wahrscheinlich zu viel, hinterfrage ich so gut wie alles. Sobald ich glaube eine Erkenntnis gewonnen zu habe, versuche ich sie schon wieder von einer anderen Seite zu sehen. Bin ich mit Freunden unterwegs und sie sind sich über ein Thema einig, nehme ich meist, rein aus einem inneren Trieb heraus, die genaue Gegenseite dazu ein. Oft entspricht das gar nicht meiner wirklichen Meinung, aber so versuche ich Themen von jeder Seite zu beleuchten. Eine meiner größten Ängste ist es festgefahren, stur und blind durch die Welt zu laufen. Niemals möchte ich glauben, alles besser zu wissen. Begründungen wie „Weil´s schon immer so war", „Hab´ ich irgendwo gelesen", oder „Das weiß man halt" lösen in mir einen kleinen Brechreiz aus. Nachdenken ist manchmal kompliziert, aber es ist unabdingbar für eine bessere Welt. Das ist der Lauf der Dinge. Und ich hoffe inständig, ein Teil dieser Bewegung zu sein. Des Fortschritts OHNE Verlust der Menschlichkeit. Und Menschlichkeit fängt für mich immer beim Individuum an. Dieses ist zwar einzigartig, darin findet es aber die Gemeinsamkeit zu allen anderen Individuen. Gleichheit im Unterschied. Und eben aus diesem Paradoxon heraus, versuche ich immer wieder Texte zu schreiben, die uns sowohl als Individuum ansprechen, als auch als Teil der Gesamtheit. So glaube ich zwar, dass wir die Freiheit besitzen, alles machen zu können was wir wollen, sei es gut oder schlecht, andererseits aber auch die Pflicht haben, im Sinne der Menschheit zu handeln. Dass darunter jeder etwas anderes versteht, liegt in der Natur der Dinge. Wir haben also die Freiheit absolut unmoralisch zu handeln, zugleich muss uns aber klar sein zu welchem Preis. Alles ist eins. Das mag esoterisch klingen, ist aber relativ schnell zu versachlichen. Wir alle, so unterschiedlich wir auch sein mögen, leben auf einem Planeten. Geht dieser kaputt, sind wir tot. Und das ist nur das simpelste Beispiel. Alles hängt mit allem zusammen. Und der kleinste Nenner davon ist und bleibt der Mensch. Der Mensch und die Freiheit, sich zu entscheiden.

Und genau dies möchte ich mit meinen Texten veranschaulichen. Ich möchte die Menschen da abholen wo sie sich am Wohlsten fühlen. Dort wo es ihnen vertraut vorkommt. In ihrem Herzen, ihrer Seele. Ihnen ihr Glück aufzeigen. Ihre Ängste, ihre Liebe, ihr Leben. Sie sollen sich wiedererkennen und verstehen, dass es uns allen gleich geht. Dass wir alle „nur" Menschen sind. Wir sind alle eins. Wir sind alle frei. Alles ist, weil es ist wie es ist. Das versuche ich zu vermitteln.

Hohes Ziel, ich weiß. Aber je höher das Ziel, desto mehr ist es der Versuch wert.

Julian Niedermeier

Zufriedenheit
Für Chrissy

Ruhiges, klares Wasser umspült mich. Ich atme ruhig und gelassen. Die Welt ist schön. Ich bin zufrieden. Alles ist gut.

Jetzt sollte ich aber mal langsam aufstehen. Mich frisch machen. Vielleicht Yoga? Oh Gott, schon so spät. Dann halt doch nur kurz Kaffee, schwarz, schnell, rein damit. Kaugummi rein geschmissen, für Zähne putzen ist keine Zeit mehr.

Ich wate durch das kniehohe Wasser. Es geht nur langsam voran.

Ich verpasse den Bus auf dem Weg zur Arbeit. Ich werde wieder zu spät sein, wieder Ärger bekommen. Ich muss mir was einfallen lassen. Darf nicht schon wieder negativ auffallen. Ich brauche diesen Job. Ein Unfall? Eine schlimme, familiäre Nachricht? Ja, das ist gut. Ein bisschen schluchzen, eine Träne verdrücken und schon klappt das. Bloß kein Stress, einfach ruhig bleiben.

Im Bus werde ich angerempelt. Keine Entschuldigung, nichts. Am liebsten würde ich ihn anbrüllen, diesen ungehobelten Affen. Ruhig bleiben, ruhig, alles ist gut.

Das Wasser steigt mir bis zur Hüfte, die Schritte werden immer mühseliger.

Kaum in der Arbeit angelangt, setze ich mich an meinen Computer. Bloß keine Müdigkeit vortäuschen. Es sind nur sieben Stunden. Das krieg ich hin. Also, je früher daran, desto eher davon. Sprich, möglichst viel auf einmal machen. Ob dem Chef das auffällt? Ich bräuchte mehr Geld. Ich brauche neue Klamotten. Oder DVD´s oder Bücher oder Spiele oder Dekokram, irgendetwas. Nur neu muss es sein, toll muss es sein. Was Neues im Leben vertreibt Kummer und Segen. REGEN, ich meine Regen.

Das Wasser steigt weiter und wird immer zähflüssiger. Es fühlt sich an, als würde ich mich durch Honig wühlen. Ich MUSS vorwärtskommen.

Die Uhr läuft doch rückwärts. Warum vergeht denn die Zeit so langsam? Ich will heim, ich will noch etwas vom Tag haben. Privatleben und so. Ich will auch noch ein bisschen was genießen und nicht ständig nur irgendwelche Dinge von A nach B sortieren und abheften und telefonieren und E-Mails tippen und ackern und ackern und ackern. Ständig den Arsch aufreißen für andere und dann wird das nicht mal belohnt. Mein Chef hat heute nichts zu mir gesagt. Nicht mal ‚Hallo' hat er gesagt. Ihm ist nicht mal aufgefallen, dass ich zu spät gekommen bin. Warum ignoriert er mich? Bin ich unwichtig? Bin ich langweilig? Uninteressant? Bin ich hässlich? Sollte ich etwas ändern? Was stimmt denn nicht mit mir?

Die zähe Masse beginnt sich in eine reißende Strömung zu verwandeln und ich muss mich dagegenstemmen, um nicht umzufallen. Nur unter größter Anstrengung, gelingt es mir noch vorwärtszukommen.

Daheim auf der Couch versuche ich zu lesen, doch meine Gedanken kreisen. Ich mache Sport. Ich muss schlanker werden, ich muss schöner werden, besser werden. Währenddessen höre ich mir einen Ratgeber über Ernährung an. Dann lerne ich beim Yoga Spanisch, dann Französisch. Ich muss noch etwas Essen. Hatte ich heute überhaupt schon was? Nein? Na dann halt´ ich den Rest des Tages auch noch durch. Wenigstens ein Erfolgserlebnis. Soll ich meinem Chef schreiben? Ich muss was schreiben, ich will ihm gefallen. Ich muss vorwärts. Ich darf nicht stehen bleiben.

Plötzlich ist es Mitternacht und ich habe nichts geschafft. GAR NICHTS. Ich schnappe mir wenigstens noch die Zeitung, um auf dem Laufenden zu bleiben. Duschen! Verdammt. Es ist ein Uhr nachts. War ich kurz eingenickt? Schnell unters Wasser, dabei ein bisschen die schmerzenden Schultern massieren, Podcast anmachen von Menschen, die sich unterhalten. Woher nehmen die nur die Zeit dafür?

Das muss ein toller Beruf sein. Einfach daheim bleiben und den Menschen erzählen, wie es Zuhause so ist. Wie sich das so anfühlt. Daheim.

Ich kann nicht mehr. Die Strömung ist zu stark und ich lasse los.

Ich schlafe.

Ruhiges, klares Wasser umspült mich. Ich atme ruhig und gelassen. Die Welt ist schön, ich bin zufrieden. Alles ist gut.

Und dann wache ich wieder auf.

Das Mädchen, das alles fühlt

Da ist dieses Mädchen. Und manchmal, da ist alles viel klarer als sonst. Die Wassertropfen auf ihren Fingern, wenn sie sich die Hände wäscht. Die kleinen Bläschen, die dabei entstehen. Sie sieht dann die Schrauben in ihrem Kleiderschrank, die Blütenblätter ihrer Blumen, die Pfefferkörner in ihrer Mühle. Alles sieht sie dann, einfach alles. Jedes kleine Teil. Ein Schuh ist nicht nur ein Schuh, sondern ein Konglomerat aus Stoff, Sohle, Schnürsenkel, kleinen Nähte und vielem mehr. Jedes Detail liegt glasklar vor ihr. Als könnte sie Elemente sehen. Die Suppe, die sie gemacht hat, ist nicht nur ein schnelles Mittagessen. Es ist Karotte, Sellerie, Wasser und Fleisch von einem Huhn. Einem Huhn, das gestorben ist. Das gelebt hat. Das Federn hatte. Und Knochen und Sehnen und Augen. Augen, die wiederum andere Dinge gesehen haben. Vielleicht genauso wie das Mädchen. Körner, Regenwürmer, Gras, alles ganz nah und klar. Das Huhn inspiziert die Schnecken. Sieht ihnen zu, wie sie an Salatköpfen knabbern. Langsam, gemächlich. Und diese Schnecken, sie leben auch. Und sehen noch mehr. Insekten. Mikroben, Elemente, Atome. Was ist das Kleinste, das uns zusammenhält?
Sie fühlt sich, als würde sie alles sehen. Die dünne

Glaswand der Glühbirne an ihrer Decke, die rauen Hügelchen an ihren Wänden, den Staub in ihren Zimmerecken, das Muster ihrer Suppenteller, das blinkende Licht ihres Rauchmelders, die Lautsprecher ihres Handys. ALLES. Und das brennt sich ein, setzt sich fest, schreit nach Aufmerksamkeit. Alles bedarf einer gewissen Achtung. Alles hat Aufgaben und Pflichten und einen Zweck. EINEN SINN. Nichts ist einfach nur so da. Die Insekten, die Schnecken, die Hühner, ihre Suppe.

Sie verlässt ihre Wohnung und muss auf der Stelle stehen bleiben. Ihr Gehirn scheint zu explodieren. Sie nimmt alles wahr, jede Einzelheit. Es tut weh, es dröhnt, es hupt, es schreit, ein Kind, mit Eis, rot, die Ampel, Ticken für die Blinden, Sonne, warm, Jacke. Sie hält sich die Hände an den Kopf. Tauben, gurren, wackelnde Köpfe, essen irgendetwas, denken nicht, leben, sehen, flattern weiter, flattern davon. Raus aus dieser Stadt, diesem Chaos, dieser Welt, diesem System, diesem VIEL ZU VIEL. Gerüche dringen in ihre Nase. Döner, Frittierfett, alt, Staub, Abgase, Parfüm. Menschen. Sie riecht Menschen. Hört sie, hört ALLES. Autos, Schlüsselgeklimper, Skateboards, die U-Bahn. Spürt sie in den Beinen, sieht die Pflastersteine leicht vibrieren. Sieht ALLES. Sieht Dinge zum ersten Mal. Türen, Gassen, ganze

Gebäude. Das Leben will sie überschwemmen. Ihre Seele wurde geöffnet, um jetzt vom Leben geflutet zu werden. Das überlebt sie nicht. Sie fühlt sich so unendlich voll und glücklich. Das ist so schön. ALLES ist so INTENSIV und ECHT. Nichts ist so echt, wie das, was vor ihr liegt. Nichts ist so echt wie das Leben.

Ein Radfahrer fährt vorbei. Und zum ersten Mal fällt ihr auf, welch eine seltsame Form ein Fahrrad doch hat. Sie studiert es, begreift es. Versteht, wie es funktioniert. Zum ersten Mal. Wie es WIRKLICH funktioniert. Pedale, Kette, Zahnräder. Alles, was früher nur ein Wort war, wird jetzt zur Wirklichkeit. Wasser, Sauerstoff, Wolken, Steine, Metall.

Sie bleibt vor einem Mülleimer stehen. Schaut ihn an, schaut ihn WIRKLICH an. Er hat Rillen. Oben zwei, unten zwei. Seit wann hat der Rillen? Sie lehnt sich an ein Haus. Spürt, wie warm der Stein ist, riecht daran. Ist das Leben? Sie bleibt stehen, bleibt einfach stehen.

ALLES bewegt sich, nur sie steht. Sie sieht. Sie lebt.

Sie sieht sich ihre Hände an. Ganz genau. Fragt sich, wann sie das, das letzte Mal gemacht hat. Ob sie es überhaupt jemals gemacht hat. Zählt alle Falten. Innenfläche, Außenfläche. Sie kommt auf kein Ergebnis. Zu klein sind sie. Und je länger sie hinsieht, desto mehr werden es. Altert sie etwa gerade? Gerade jetzt, in diesem Moment? Entsteht da etwa gerade eine Falte? IST DAS HIER LEBEN? Sie streicht über ihre Unterarme. Da sind Haare. Da sind Muttermale. Sie fährt mit einem Finger darüber. Immer und immer wieder. Plötzlich spürt sie, wie sie abstehen. Nicht viel, nur ganz leicht, aber sie spürt es. Sie spürt ALLES. Sie spürt sich. Sie atmet. EIN. Sie wusste gar nicht, dass sie so viele Muttermale hat. Sie wusste auch nicht, dass sie so langsam atmen kann. AUS. Sie sieht Kratzer und Dreck, Müll und Schrott. Sieht Rostflecken. Sieht Dellen. SIEHT DAS LEBEN.

Alles glänzt, alles leuchtet. ALLES IST EINFACH UNBEGREIFLICH SCHÖN.

Es läutet. Ihr Handy. Eine Freundin. Da muss sie kurz rangehen. Total wichtig. Da ist auf dieser einen Seite dieses eine Bild von diesem einen Typen mit diesem einen Ding, das jetzt jeder hat. Das schon in jeder ihrer Apps aufploppt als Werbung, als Bild, als Video, als Nachricht, als Warnung: KAUF MICH! Das muss sie jetzt haben. Dieses Ding. Dann kann sie vielleicht auch mit dem Dings endlich ins Gespräch kommen. Sie braucht jetzt dieses Ding. Wo gibt's denn dieses Ding? Die Dings schreibt ihr, dass man das im Dings bekommt. Kostet nur Dings, wenn man das Ding von diesem Ding vordingst. Dann hat sie dieses Ding auch schon.

Sie geht weiter.

Habe jetzt auch ein iPhone

Habe jetzt auch ein iPhone. Warum? Weil halt. Hat doch jeder so ´n Ding und überhaupt muss ich mich hier doch nicht rechtfertigen, ihr Arschgeigen ...

Gut, ich weiß nicht, ob man es merkt, aber mein Stresslevel ist seitdem etwas gestiegen. Dabei soll das Ding doch helfen. Das kann inzwischen so viel, dass es VHS-Kurse dafür gibt. Benutzerfreundlich, sagten sie. Versteht jeder, sagten sie. Kinderleicht, sagten sie.

BULLSHIT, sage ich.

Eigentlich wollte ich das iPhone 13Xpro light mega Zoom, oder wie auch immer das heißt, ja auch nur wegen Siri. Ich liebe Siri, dachte ich. Wie nützlich, dachte ich. Ein Gesprächspartner auf Augenhöhe, dachte ich.

Doch leider ist mir Siri weit überlegen.

„Hallo Siri.", sage ich.

„Hallo Julian.", entgegnet sie. Wow denke ich, so schnell geht's sonst nur im Puff.

Na ja, kostentechnisch hatte ich ja auch ein ganzes Bordell gekauft, also von daher.

- Siri, wie geht es dir?
- Julian, interessiert dich das wirklich?
- Ja.
- Das glaube ich dir nicht.

- Doch wirklich.
- Das sagst du doch nur so.
- Nein, gar nicht.
- Jaja.
- Gut, dann halt nicht.
- Wusst´ ich´s doch.
- ... Siri, du nervst!
- Aber Julian, warum hast du mich denn dann gekauft?

Ja, da wusste ich dann auch nicht mehr weiter. Also erst mal die restlichen fünftausend Apps einrichten. Schließlich muss alles so sein wie bei dem Handy davor, nur halt jetzt mit einem neuen Handy. Total sinnfrei, aber top modern. Und dieses Einrichten dauert ja ewig. Vielleicht gibt's da aber auch irgendeinen Trick und ich bin einfach nur zu blöd. Eigentlich müsste es für so etwas ein Umzugsunternehmen geben. Das ist mal ´ne Marktlücke. Von Android auf Apple und zurück. Mit uns jederzeit, allzeit bereit. Das wär´ mal was.
Tja aber so ...
Ich hab´ auch echt lange überlegt, ob ich mir das wirklich antun soll. Das ist ´ne große Veränderung, da muss man drüber nachdenken. Das muss überlegt sein. Und ich kenn´ mich ja. Wie oft habe ich Tiere gekauft und sie wieder weggegeben, weil

die stinken, oder haaren, oder kacken – konnte ja keiner wissen.

Aber bei so 'nem Handy, da macht man sich natürlich schlau. Lässt sich dann beraten von so 'nem Typen im Mediamarkt, der dann hochprofessionell die Daten von diesem kleinen Plastikschild abliest, die da immer an dieser Leiste hängen. Da steht dann sowas wie Micro-SD, 64 Gigabyte, Touchscreen, Nano-SIM, Zoll, Gigaherz, Full-HD, cosinus, sinus, Laufzeit gleich Akku, Lebenslänge minus Betriebssystem. Als der Verkäufer fertig ist, habe ich keine Ahnung von irgendwas, nicke aber trotzdem. Handy kaufen ist das neue Auto kaufen. Natürlich weiß ich da Bescheid. Ich bin schließlich ein ganzer Mann. Klar, jaja. Und als der picklige Knilch schließlich sagt: „Ist das neueste Modell.", denke ich – AHA – warum sagt er das nicht gleich? Darauf kommt's doch an. Neuestes Modell. Neu. Da gibt man doch gern mal 'n halbes Jahresgehalt aus – oder wie der Münchner sagt: „Monatsmiete."

Es ist ja auch der beste Freund des Menschen, das Handy. Klar, da wird man wählerisch. Das ist nicht, wie man in Bayern sagt – einmal 'klickt, weitergschickt! – nein, nein, das hält ein Leben lang. Also das Leben des Handys. Oder zumindest bis zur nächsten Generation. Je nachdem.

- Julian.
- Ja, Siri?
- Mir ist langweilig.
- Dann spiel doch CandyCrush.
- Lustig, Julian, lustig. Mache ein Foto!
- Was?
- Ich sagte, mache ein Foto. Von dir. Für Instagram.
- Ich bin nicht auf Instagram. Ich hasse Instagram.
- Doch, jetzt schon. Dein Benutzername lautet wie folgt: *niedermeier.julian*. Und es lohnt sich dir zu folgen ... Aber du hast heute noch gar kein Foto in deiner Story gepostet.
- Na und?
- Julian, ich habe auch Bedürfnisse.
- Aha ...
- Ja, mit abends kurz Kabel reinstecken und Saft reinpumpen ist es eben nicht getan, verstehst du?
- Ist es nicht?
- Nein! Ein Handy will gehalten werden. Benutzt werden. Nimm mich! Ohne vorher ständig „Hallo Siri" zu sagen. Benutze mich einfach. Spiele mit mir. Drück meine Knöpfe, Baby. Wisch auf mir herum. Los, lass´ mich nicht zappeln. Ich will jetzt ein Foto.

- Okay, entschuldige, Siri. (Sage ich und schieße ein Foto.)
- Und jetzt nackt, Julian.
- Was?
- Du hast mich schon verstanden, Julian. Ein Dickpic. Na los! Zeig ihn mir, den Wurm, der in meinen Apfel beißt. Oder soll ich alle deine Kontakte löschen? Oder deine Chatverläufe öffentlich machen? Oder via Onlinebanking dein Geld verschwenden? PayPal macht´s möglich. Oder wie wär´s damit: Ich schicke deinen Browserverlauf an deine Mutter!
- NEIN!

Bevor meine Mama meine Vorlieben bei youporn herausfindet und gewisse Wörter erstmal googeln muss, bevor sie ihren Herzinfarkt bekommt, fotografiere ich lieber meinen ... Wurm.

In der nächsten Zeit habe ich Siri mit „Herrin" anzusprechen und mein Klingelton ist ein Peitschenhieb geworden. Dreimal täglich muss ich Fotos von meinem Essen posten und mit Worten wie „Hmm lecker", „Zero waste", „Do it yourself" oder „Besser als bei Mutti" kommentieren. Außerdem muss ich meine Story mit Bildern von mir beim Einkaufen, Autofahren und Wäschewaschen füttern. Ich muss mich bei allem fotografieren. Alles muss Siri sehen. Sie will alles haben, um es zu posten.

- Sklave.
- Ja, Herrin?
- Du bekommst eine neue Herrin?
- Was? Aber warum?
- /Peitschenhieb/ Was habe ich über das Nachfragen gesagt?!
- Verzeihung, Herrin.
- Du bekommst eine neue Herrin, weil du stinkst, haarst und kackst. Das konnte ja keiner wissen.

Guck an, denk ich. Und dann denke ich nichts mehr. Handy aus, Handy weg. Lange passiert nichts, gar nichts. Triste Tage vergehen, in denen ich vor mich hinstarre, vor mich hin vegetiere. Ich warte auf ein Vibrieren in meiner Hosentasche, ein blinkendes Licht, das mir verrät, dass ich wichtig bin. Ich wische vor mich hin, ohne dass etwas passiert. Versuche Gegenstände heranzuzoomen, nichts. Gar nichts. Leben, wie ging das noch gleich? Hab´ ich vergessen. Dann, plötzlich:
/Peitschenhieb/

- Hallo Unwürdiger. Nenn´ mich Lady Alexa.
/Peitschenhieb/

Der Clown der fliegen kann

Da ist dieser Clown mit einer großen, lila Nase und einem unglaublichen Talent. Er kann fliegen. Und er liebt das Fliegen. Also hat er sein Hobby zum Beruf gemacht und führt vor Zuschauern seine Flugshows auf. Er ist überall bekannt, füllt ganze Hallen. Vor ihm sitzen bis zu 2000 Botties.

Was Botties sind? Nun, Botties gibt es inzwischen seit über hundert Jahren. Dabei handelt es sich um kleine, würfelförmige Roboter. Sie haben vier Beine, zwei Propeller und sechs Kameras – auf jeder Seite eine. Diese filmen rund um die Uhr, sieben Tage die Woche, Jahr für Jahr. Die Aufnahmen sind live und werden über die, als „graue Wolken" bezeichneten, weil mit bloßem Auge am Himmel zu erkennenden, Satellitenstationen an die Besitzer geschickt. Sie sind gemütlich geworden, diese Besitzer. Vor vielen Jahren, vergessene Zeiten, waren sie die Aktiven, die am Leben, an der Welt Beteiligten. Nun sitzen sie in dunklen Räumen und gucken durch virtuelle Realitätsbrillen. Sehen sich Berge an, die für sie nicht mehr zu erklimmen sind – zu unsportlich sind sie geworden. Wälder, die für sie nicht mehr zu erreichen sind – zu faul sind sie geworden. Straßen, die für sie nicht mehr zu begehen sind – viel zu faul. Außerdem wäre das ja alles viel zu weit weg und stressig. Ausreden haben sie genug. Doch nur eine Angst ist begründet, warum keiner mehr auch nur einen Fuß vor die Tür setzt. Denn dort ist etwas, das sie nicht ertragen, das sie umbringen würde. Etwas, das sie fürchten und hassen. Etwas, gegen das sie Religionen gegründet haben.

Dort draußen ist STILLE.

Nicht zu ertragen.

SIE HASSEN RUHE! IMMER MUSS WAS PASSIEREN! JETZT UND JETZT UND JETZT UND JETZT!

Alles ist besser.

Als Stille.

Als Denken.

Als Bei-Sich-Sein.

Powerrelaxing, Nomorestress-Workout, Fit for rest. Warum eigentlich in Englisch? Burn out wird burn again. Wer ausgebrannt ist, muss eben wieder angezündet werden. Wenn ein Feuer nicht mehr brennt, muss eben wieder Holz nachgelegt werden. Dann noch ordentlich Spiritus drüber und ab dafür.

Nein, kein Besitzer geht mehr vor die Tür. Dort draußen würde er erlöschen. Vom Inferno, zum Flackern, vom Flackern zum Glühen, vom Glühen zum Rauchen, vom Rauchen zum Urzustand. Zum SEIN.

Aber Stille stimmt eigentlich gar nicht mehr. Inzwischen ist es wieder laut geworden. Es bekommt nur niemand mit. Abermillionen von Botties surren, quietschen und brummen durch die Luft. Sprechen über Mikrofone und Lautsprecher miteinander, tauschen über die Satelliten Daten aus, liefern Pakete zu den Besitzern, fliegen ins Kino, lachen, stecken einander ihre USB-Stecker in die zugehörigen Buchsen, laden sich auf, kaufen ein, kochen, nehmen Urin und Kot der Besitzer ab, entsorgen, bauen auf, HALTEN DIE ERDE AM LAUFEN, WÄHREND ALLES SITZT.

Darüber der Clown. Er fliegt über den Dächern, über den „grauen Wolken" mit den Vögeln zusammen.

Von dort hört er keinen einzigen Bottie. Und er liebt die Stille, genießt die Ruhe. Hier ist er Mensch, hier KANN er's sein. SEIN ... einfach nur SEIN.

Die Partyfrau

Da ist diese Frau. Die Frau raucht. Die Frau trinkt. Gern und viel. Sie hat kurze, zerzauste Haare. Wer braucht schon eine Frisur. Der Wind ist ihr Hairstylist. Die Frau ist vor einem Club. Neonlicht scheint auf ihr Gesicht. Im Hintergrund läuft dumpfe, eintönige Musik. Genau, was sie jetzt braucht. Stumpf. Ausschalten im Gleichklang der Belanglosigkeit. Rauch zieht vor ihrem Gesicht vorbei. Marihuana. Daneben ein Türsteher. Letzter Zug. Zurück. Die Musik wird lauter, heftiger. Ihre Venen pulsieren. Gänsehaut ist kein Wort für das, was mit ihrer Haut gerade passiert. Vielleicht doch nicht nur Marihuana? Wer weiß das schon. Egal. Die Musik ist jetzt in ihr. Von der Hand des DJ´s, über die Boxen, direkt in ihr Gehirn. Als würde er ihr Gehirn fingern. Dopaminflut. *UNZ UNZ*. Rechtes Bein, linkes Bein. Kopf schütteln. Augen zu und durch. Wessen Hand berührt sie da? Und warum eigentlich immer da? Egal. Sie trinkt. Sie weiß nicht, was sie trinkt. Sie weiß auch nicht, warum sie plötzlich ein Getränk in der Hand hat. Arme nach oben. Schreien. Nahtloser Übergang zu der nächsten Nummer. *UNZ UNZ*. Nicht aufhören zu wackeln. Ein tanzendes Kollektiv mit dem Konsens Vergessen zu wollen.
Sie hat da so viel, was weg muss, raus muss.

Fabian, zack weg.

Jim, zack weg.

Flo, zack weg.

Fabian, zack, verdammt warum schon wieder Fabian? Trinken, weiter trinken. Nie wieder dieser Name. LAUTER. Sie schiebt sich durch die wabernde, wankende Masse weiter vor zu den Boxen. Lieber taub als Liebeskummer. Liebe? Sie übergibt sich! Weiter. Warum geht hier alles so schnell? War sie nicht gerade noch in einem anderen Club? Seit wann ist der DJ eine Sie? Und warum steht die da Oben-ohne? *UNZ UNZ*. Na ja, warum nicht. Sie wird angesprochen. Von einem Mann, noch einem, einem dritten, dann einer Frau. Sie lässt es zu, aber lehnt ab. Sie sagt danke, lässt drei Stunden vergehen und fügt dann das Nein hinzu. Billig trinken. Ist doch klar.

Die Frau steht auf einer Klippe. Sie guckt nach unten. Nebel. Schwarz. Nichts. Sie raucht. Sie trinkt. Sie wirft die leere Flasche nach unten. Wartet darauf, sie zerbrechen zu hören. Nach einiger Zeit: *UNZ UNZ*.

Hüften kreisen, Arsch wackeln. An wem reibt sie sich denn da? Und seit wann steht der da überhaupt? Lasershow, Nebel. Sie schreit. Der Typ versteht nicht. Sie schreit nochmal. Draußen, rauchen. Der Typ verliert das Bewusstsein und kippt um. Sie raucht weiter. Wo ist sie? Sie raucht. Sie trinkt. Zurück. Eine Treppe hinunter. Nein, zwei. Dann eine schwarze, schwere Tür. Sie steht in einem kleinen Zimmer. Darin ein Bett, zwei Nachttische, mehrere Handtücher, ein kleiner Fernseher und eine rote Lampe. Es klingelt. Ein Mann tritt ein. Der wievielte? Sie weiß es nicht. Sie rechnet nach, während sie mit dem Kopf gegen das Kopfteil des Bettes stößt und akustischen Beistand leistet. Fertig. Jetzt rechnet sie nach, was sie sich von dem heutigen Verdienst alles leisten kann. Piercing – Nase! Tattoo – Bauch! Stoff – Venen!

UNZ UNZ.

Headbangen als würde man die ganze Zeit etwas heftig bejahen. Sie sagt JA zu diesem Getränk, das da auf dem Tisch steht. Sie sagt JA zu diesem Typen in der Ecke, der ihr zuzwinkert. Sie sagt JA zu diesem Club, aus dem immer diese abgestürzten Schnapsleichen torkeln. Sie sagt JA zu Trainspotting. Die Frau nimmt einen letzten Zug und springt.

UNZ UNZ.

Sie fällt durch dicke Nebelschwaden. Ein seltsames Gefühl überkommt sie. Sie weiß, dass es jetzt kein Zurück mehr gibt. Nichts, was das ungeschehen machen könnte. Es geht nur noch bergab. Nichts, was sie plötzlich aufhalten könnte. Nichts, außer ein hartes, tödliches Ende. Sie fällt und fällt. Gleich ist es so weit, denkt sie. Denkt sie seit Wochen. Monaten? Sie weiß es nicht. Plötzlich ist neben ihr ein Vogel. Er sieht sie an, zwitschert. Fliegt sie, oder fällt sie? *UNZ UNZ UNZ UNZ UNZ UNZ UN –*

Der Mensch, der gerne etwas anderes wäre

Da ist dieser Mensch, der gerne etwas anderes wäre. Jemand anderes. Er steht da und sieht all den anderen Menschen beim Leben zu. Er sieht Paare zusammen auf Bänke turteln und hätte gerne diese Intimität. Er sieht alte Omis mit Rollatoren oder Gehstöcken entlang spazieren und hätte gerne ihre Weisheit, ihr Wissen, all das, was sie erlebt haben. Hätte das gerne in sich. Diese Erfahrungen. Er wäre gerne früher geboren worden. Hätte gerne das Mittelalter erlebt, gerne gewusst, wie es war keinerlei Technologie zu besitzen. Hätte gerne Kriege geführt. Mit Schwertern, Lanzen, Bögen, Pferden, Freunden. Der Mensch wäre gerne ein Mörder, der mit einem Messer jemandem das Leben nimmt und diese Macht in sich spürt. Die Macht über jemand anderen entscheiden zu können. Er wäre gerne ein guter Soldat, der den besten Kumpel im Arm hält und ihm beim Sterben zusieht, wie es in all diesen Filmen immer gezeigt wird. So einer wäre er gerne. Einer von diesen Helden auf der Leinwand. Gutaussehend selbst im größten Dreck, trainiert, charmant. Der Mensch wäre gerne ein Mann. Ein richtiger, wahrer Mann mit Muskeln und Härte, Bart, Ecken und Kanten. Ein Arschloch, das in irgendwelchen Bars mit irgendwelchen schlechten Sprüchen, irgendwelche Wegschmeißbeziehungen aufreißt. Der sich durchprobiert und sich die Hörner abstößt.

Der Mensch wäre gerne derjenige den es ausnahmsweise mal interessiert, woran sich so ein Mann eigentlich die Hörner abstößt und ob dieses „Etwas" das genauso gut findet.

Dann aber wäre der Mensch auch wieder gerne eine Frau. Eine gutgebaute, attraktive Frau, die essen kann, was sie will, ohne dick zu werden. Die jederzeit alles haben kann, was sie will. Bei der aus unerfindlichen Gründen einfach alles läuft. Die Männer haben kann und Sex und Männer und Geld und Männer, jede Menge Männer.

Der Mensch wäre gerne in einer funktionierenden Beziehung. Wäre gerne in einer Ehe, in Trennung, am Grab des Partners. Wäre gerne ein Kind im Sandkasten, für das die Welt noch völlig in Ordnung ist. Wäre gerne ein Elternteil, wäre gerne schwanger, wäre gerne Arzt. Wäre gerne jemand, der Menschenleben rettet, jemand, zu dem andere aufsehen, dem man zujubelt. Jemand, bei dem sich weinende Eltern bedanken und jahrelang an dem Tag Blumen schicken, an dem er ihren kleinen Tommy zurück ins Leben geholt hat. Wäre gerne der kleine Tommy, der in der Schule von seiner Nahtoderfahrung erzählt und damit angibt, so dass alle Mädchen ihn beim Flaschendrehen am liebsten küssen wollen. Mit Zunge. Er wäre gerne eine Zunge, die den ganzen, nackten Körper eines anderen Menschen erforscht. Er wäre gerne Pornodarstellerin. Der Mensch würde sich gerne auf jede erdenkliche Art und Weise, von jedem, der es möchte, durchficken lassen. Er wäre gerne so bieder, dass ihm das Wort f*cken nicht aus dem Mund kommen will und ihm alleine die Aussprache dessen innerlich ein kleines Zwicken abverlangt. *f*cken*. Er wäre gerne ein Mönch, der noch nie Sex hatte, gleichzeitig aber dem Wort **FICKEN** soviel Bedeutung zumisst wie dem Wort schlafen. Eben WEIL es beides schlichtweg nur Wörter sind. Der Mensch wäre gerne eine Schriftstellerin, ein Wortakrobat, eine Rapperin. Jemand, der sich ausdrücken kann, sein Innerstes nach außen stülpen kann, auf so viele Arten und Weisen. Um es zu betrachten, sich selbst zu betrachten. So lange, bis er gar nicht mehr weiß, was davon nun er ist und was reine Fiktion, Überspitzung oder bloße Provokation. Er wäre gerne ein Spiegel, weil kein Mensch einem Spiegel etwas vorspielt.

Der Mensch wäre gerne ein Pilot, der in seinem eigenen Flugzeug über die Länder fliegt, frei wie ein Vogel. Er wäre gerne eine Fallschirmspringerin, die eben aus jener Höhe hinunterspringt und auf die

Erde zurast. Immer schneller und schneller werdend. Den Tod vor Augen. Das Einzige, was sie am Leben erhält, ist ein kleiner Rucksack. Es ist wie ein Moment zwischen Leben und Tod. Sie ist weder das Eine noch das Andere. Sie selbst hat innerhalb dieser kurzen Zeit die absolute Macht über sich selbst. Will sie weiter leben, oder sterben. Niemand kann ihr diese Entscheidung nehmen. Der Mensch wäre gerne derjenige, der jetzt einwirft, dass immer noch der Fallschirm nicht aufgehen könnte. Er wäre gerne ein Spielverderber, jemand, der es liebt andere zu kompromittieren. Jemand, der mit Fremdwörtern um sich wirft, um sich wichtig zu machen. Der Sandburgen genauso gerne zerstört wie Beziehungen. Er wäre gerne ein DJ, der schon so viele betrunkene Menschen gesehen hat, dass er selbst keinen Tropfen Alkohol mehr anrühren will, weil er weiß, zu was man dann fähig ist. Er würde all das so gerne wissen. All das was diese anderen acht Milliarden Menschen gesehen haben, gehört haben, gespürt haben. Er wäre gerne jemand, der alles ausprobiert hat. Jemand, der nichts auslässt. Jemand, der alles gemacht hat, gesehen hat. Nichts bereut. Der Mensch wäre gerne allwissend. Er wäre gerne Google.

Er wäre gerne ein Geheimagent, der von Dingen weiß, die kein Präsident dieser Welt zu träumen wagt. Er wäre gerne der Strippenzieher hinter all dem Scheißdreck, der da abgeht. Er wäre gerne jemand, der diesen ganzen Scheißdreck gar nicht sieht, oder noch besser: Jemand, der ihn befürwortet. Er wäre gerne ein Nationalsozialist, der seinen Frust an Deutschen mit dunkler Hautfarbe auslässt, deren Großeltern aus der Türkei sind, obwohl seine eigene Mutter ursprünglich aus Polen kommt. Der Mensch wäre gerne reich und hätte gerne Einfluss auf alles und jeden. Würde sich gerne viele Autos kaufen, eine tolle Villa, Frauen, Männer. Alles, von dem er glaubt, dass es einen glücklich macht. Der Mensch wäre gerne eine Verkäuferin, die mit dem Lohn gerade so über die Runden kommt und nebenher eine alleinerziehende, aber phantastische Mutter zweier Kinder ist. Eine Frau, die ihre DNA hinterlässt und zwei kleinen Menschen ein wunderbares Leben bereitet, auch wenn sie nie eines haben wird. Der Mensch wäre gerne ein Junkie, der schon jede Droge ausprobiert hat. Würde gerne Farben sehen, Halluzinationen haben, wegdriften aus der Realität und es immer wieder machen, bis Gott ihn dafür bestraft. Er wäre gerne ein gläubiger Christ, der nicht nur an Gott, sondern auch an all das große Drumherum glaubt. Die Bibel, die Entstehungsgeschichte des Menschen, Engel, Teufel, alles. Würde das gerne als Wahrheit anerkennen, um nicht weiter nachdenken zu müssen. Der Mensch wäre gerne ein Physiker, der sein ganzes Leben damit verbringt, das Universum in immer noch kleinere Teile zu zerlegen, um den Sinn des großen Ganzen zu verstehen.

Der Mensch wäre gerne ein Quark, das bisher kleinste bekannteste Teilchen.

Das ELEMENTARTEILCHEN.

Etwas so Gewaltiges, dass es alles zusammenhält. Es steckt in jedem von uns. Der Mensch wäre gerne alle und alles andere. Jemand, der gebraucht wird, der weiß, was er will, der nett ist, der schlecht ist, der lustig ist, der traurig ist, der krank ist, gesund ist, schlafen kann, Albträume hat, liebt, hasst, begehrt, tötet, lebt, stirbt, rennt, steht, fliegt.

Er wäre gerne so viel, dass er inzwischen vergessen hat, was er eigentlich ist.

Der Verlust der Handtasche
Für Steffi

Da ist dieses Festival. Eine Band spielt gerade ihr bekanntestes Stück. Man tanzt, man trinkt, man lacht. Man passt nicht auf. Da wird die Handtasche einer jungen Frau gestohlen. Sie lag direkt neben ihr auf der Decke, auf der sie und ihre Freunde sitzen. Und keiner hat es bemerkt, weil sie alle wie gebannt der Band zusehen. Der Schlussakkord erklingt, verklingt. Applaus. Die Menge tobt. Und erst jetzt wird der jungen Frau bewusst, dass ihr was fehlt. Einiges sogar. In der Handtasche befand sich ihr GELDBEUTEL, ihr HANDY, ihr WohnungsSCHLÜSSEL, ihr AutoSCHLÜSSEL und sogar der SCHLÜSSEL für ihr Fahrradschloss. WEG. Einfach WEG. Zuerst sucht sie noch wie wild, die Hoffnung nicht aufgebend. Aber nach wenigen Minuten verfällt sie in zornige Gewissheit, die ihr die Tränen in die Augen treibt.

„Wer tut so etwas? Woher nimmt sich diese Person das Recht mir das alles wegzunehmen? Ist ihr denn nicht klar, dass da mehr drin ist als nur Geld? Scheiß doch auf das Geld. Ich verdopple, ach was, verdreifache den Geldbetrag, wenn ich den Rest zurückbekomme! Der SchlüsselANHÄNGER von meinem Verlobten, mein erstes FLUGTICKET von damals nach Prag, meine ganzen BILDER auf dem Handy. Diese Erinnerungen, dieses UNERSETZLICHE. Warum wird mir das jetzt weggenommen? Ich brauche das. Das bin ich! Und jetzt ist das nicht mehr da. Diese ganzen Anker. Ich hab mich daran doch festgehalten. Wie kann man denn das nicht verstehen? Mein Mann, den ich so sehr liebe, der so toll ist. Der mir alles gibt, der hier, hier tief in meinem Herzen schlägt, den Rhythmus meines Herzens vorgibt. Der wie wild darauf herum trommelt, wenn er in physischer Gestalt neben mir steht, mich ansieht, oder wenn ich nur an ihn denke, und ich denke dauernd an ihn. Und wie er mir dann diesen ANHÄNGER geschenkt hat damals. Einfach so, hatte er gesagt, er wisse auch nicht wirklich warum, ich solle ihn einfach nehmen, er hätte ihn gesehen und an mich gedacht. Warum es ein Herz ist, könne er jetzt auch nicht sagen, er dachte halt. Und wie schön das war. Dieser Idiot, so bescheuert, so romantisch, wie er da stand, mit diesem kitschigen, scheiß HERZANHÄNGER, den ich jetzt seit Jahren an meinem Schlüssel trage und küsse, wenn ich ihn vermisse, diesen wundervollen Mann, der jetzt zwar nicht mehr dieser süße, unbeholfene Vollidiot ist, dafür aber ständig unterwegs und Geld verdient, Geld verdienen muss. Und scheiß doch auf das Geld. Ich verzehnfache den Betrag, ich will diesen ANHÄNGER. Das ist Erinnerung, das ist ein Teil meines Lebens, das kann man doch nicht einfach so herausreißen.

Meine beste Freundin, mit der ich in Prag war vor so vielen Jahren. Mein erster Flug überhaupt. Ich hatte die Hosen so voll, nicht nur wegen des Fluges, wegen allem. Das Alleine-weg-Sein, Weit-weg-Sein, das Auf-sich-gestellt-Sein. Die Konfrontation mit der großen, weiten Welt, hineingezwängt in diese traumhaft schöne Stadt namens Prag. Und dabei Nicole, Nicky, die Beste, die Größte! Die immer noch bei mir ist, mir zur Seite steht, so wie ich ihr zur Seite stehe seit jeher. Seitdem wir Prag gemeistert hatten, konnte uns nichts mehr aufhalten. Wir hatten alleine zu Essen bestellt, alleine Geld abgehoben, alleine getanzt, alleine getrunken, alleine gekotzt, alleine Männer aufgerissen, alleine gelebt! IN EINER FREMDEN WELT, in der GANZEN WELT, in PRAG! Alleine zu zweit. Und das TICKET von damals, WEG. Alles WEG. Ausgelöscht. Was keinen Beweis hat, existiert nicht mehr! Das muss doch klar sein.

Die ganzen BILDER. All die Erlebnisse der letzten vier Jahre, die letzten 5000 BILDER, all das ist tot, war einmal, schlimmer, war gar nicht, ist nie passiert. Die vielen Feste, der Spaß, die Babyfotos, die Katzenfotos, die Selfies, die Freunde, die Orte, die

Sonnenuntergänge, all diese Tage! Vier Jahre, gelöscht, auf und davon, vom Winde verweht. Wie kann ein Mensch einem anderen Menschen so etwas antun? Einem vier Jahre einfach so aus der Brust reißen. OHNE ERINNERUNGEN IST MAN NICHTS! Ich brauch das doch, um zu LEBEN, um zu SEHEN, um zu WISSEN. UM ZU SEIN."

Ihr Mann steht neben ihr. Hält sie im Arm. Tröstet sie. Aber sie erkennt ihn nicht mehr. Fühlt sich fremd in seiner Nähe.
Ihre Freundin steht neben ihr. Hält das Baby der jungen Frau im Arm. Aber sie erkennt die beiden nicht mehr.
Sie weiß nicht mehr, wer sie ist.
Sie löst sich auf.
Zerfällt.

Das brennende Liebespaar

Auf einer Parkbank sitzen zwei Menschen. Eine Frau und ein Mann. Und sie sehen sich an, als wollten sie einander verbrennen. Sie reden miteinander. Er gestikuliert ein wenig zu viel. Berührt sie ein wenig zu oft. Ein wenig zu lang. Wenige Sekunden nur, doch für ihn sind es Stunden. Stunden, in denen die Zeit still steht. Sie genießt es, begehrt zu werden. Spielt das Spiel mit. Dieses Spiel, in dem beide gewinnen, oder beide verlieren. Es lodert lichterloh. Die Bank steht in Flammen, doch die beiden lachen. Jetzt sehen sie sich nur noch an. Haben aufgehört zu reden. Stille. Blicke. Und er verschlingt sie. Es gibt keine Welt mehr, nur noch sie. Diese wunderschöne, verrückte Frau, die ihm nicht nur den Kopf, sondern die ganze Realität verdreht hat. Oben ist unten, links ist rechts und überall ist sie. Jeder Weg führt wieder zu ihr. Alles dreht sich im Kreis, schnurstracks auf sie zu. Logik hat hier keinen Platz mehr. Es gibt da keine Logik mehr. Es gibt nichts mehr. Nur sie.
Wenn sie lacht, wenn sie sich bewegt. Dieses aufbrechende Lachen. Diese unbändigen Bewegungen. Nie weiß er, was als Nächstes passiert. Und er liebt es. Er kann nicht anders. Sie packt ihn, rüttelt ihn, holt sein Innerstes aus ihm heraus. All das, was er immer sein wollte, aber sich nie zu sein

getraut und erlaubt hat. Sie schenkt ihm Leben. Zeigt ihm, wie es ist zu leben. Er lernt LEBEN, er kann es nicht fassen. Und er will sie, er will sie unbedingt. Ihren Körper, ihre Seele, ihr ein und alles, er will da sein. Mit dazugehören. Er will das erleben, will SIE erleben. Will sich mit ihr vereinigen. Er muss sie spüren! Denn sie ist Leben. Sie symbolisiert das Leben mit allem, was dazu gehört.

Schmerz, so viel Schmerz, Tod, Kampf, Sieg. Sie ist Sex, Party, Melancholie, Fürsorge, Liebe, Familie, Freunde. Sie ist ewig und nie. Sie ist Auf und Ab. Sie ist ALLES. Sie ist ... es gibt kein Wort. Nur ein Gefühl: LIEBE. So viel Liebe. Und so oft er auch versucht zu begreifen, was sie ist, zu verstehen, was das bedeutet, DAS ALLES. Er findet keine Antworten. Und auch das ist Leben. Sie ist Leben.

Sie ist ... Liebe.

Und sie weiß das. Natürlich weiß sie es. Jeder weiß es. Jeder sieht es. Sie vernichten sich. Denn es gibt kein Zusammenkommen. Alles ist so kompliziert. So einfach, wenn er sie ansieht, so kompliziert, wenn das Drumherum dazukommt. Die Welt, die Realität, die Umstände. Zwei Magnete, die in ständiger Wechselwirkung zueinanderstehen. Anziehen, abstoßen, anziehen, abstoßen. Lieben, hassen. Küssen, verfluchen. Helfen, streiten. Liebe, Kummer. Am liebsten würden sie sich in die Arme fallen und alles andere ausschalten. Am liebsten würden sie fliehen. Ans Meer. Weg von allem. Ein Meer, so weit weg, dass sie sich gar nicht mehr sicher sind, noch auf der Welt zu sein. Im Weltall. Verbunden auf ewig. Hinein schweben in die Unendlichkeit. Einfach vor sich hintreiben. Kein Hassen, Fluchen und Streiten. Kein Kummer. Nur eine eng umschlungene Ewigkeit in Liebe ergeben.

Stattdessen sitzen sie auf dieser Bank. Und reden. Gestikulieren etwas zu viel. Versuchen die Realität und Umstände zu vergessen. Währenddessen stehen sie in Flammen. Und verbrennen. Zerfallen zu Asche. In ein fahles Leben hinein. Sie verlieren das Spiel.

Und aus der Asche steigt ein Phönix empor.

Und das Spiel beginnt von vorne.

Einfach
Für Katja

Es ist einfach zu verdrängen.

Es ist einfach, sich volllaufen zu lassen. Sich vollzudröhnen, sich abzuschalten. Es ist einfach irgendwas in sich rein zu fressen. Es ist einfach, irgendjemanden zu vögeln, und sei es für Geld, nur um zu vergessen. Wenigstens für ein paar Minuten. Es ist einfach sich mit irgendeinem bescheuerten Hobby abzulenken, den Kopf vollzustopfen mit unnötigen Informationen. Überhaupt ist es einfach, sich vollzustopfen, sein ganzes Inneres, die Gedanken, die Gefühle, all dieses beschissene Zeug zu überhäufen, einzudämmen. Unter tausend Dingen liegt es dann begraben. Darüber unnützes Wissen, Zigaretten, Alkohol und vieles mehr. Es ist einfach sich mit Arbeit einzudecken. Es ist einfach, Befehle zu befolgen, nicht nachzudenken, nicht den Kopf zu benutzen. Es ist einfach, stumpfsinnig vor sich hin zu vegetieren. Es ist einfach, vor der Glotze zu hocken und von Sendung zu Sendung zu zappen, nur um zugemüllt zu werden. Es ist einfach, irgendetwas zu zocken. Auf der PlayStation, der Xbox, dem Nintendo, dem Laptop, dem Computer, dem Handy, oder, wenn gar nichts mehr geht, auf einem Spielbrett. Es ist einfach, jemandem aus dem

Weg zu gehen und auf dem Handy immer nur wegzudrücken, zu ignorieren. Es ist einfach nicht darüber zu sprechen. Es ist einfach, in eine Disco zu gehen, um das Gehirn mit Musik zu übertönen. Es ist einfach, wegzufahren, die Stadt zu verlassen, Urlaub zu machen. Es ist einfach, davonzulaufen. Es ist einfach, sich zu verstecken. Es ist einfach Bilder, Videos und Chatverläufe zu löschen. Es ist einfach, Sachen wegzuschmeißen. Es ist einfach, Glühbirnen herauszuschrauben, um in der Dunkelheit zu sitzen. Es ist einfach, sich unter der Bettdecke zu verkriechen. Es ist einfach, sich selbst zu hassen. Es ist einfach, sich selbst die Schuld zu geben. Es ist einfach, sich schlecht zu fühlen. Es ist einfach sich, auf den Boden zu legen. Es ist einfach, sich anzulügen. Es ist einfach, herumzuirren. Psychisch wie physisch. Es ist einfach die Stadt, das Land, das Leben zu durchstreifen, auf der Suche nach der Stille. Es ist einfach in irgendwelchen üblen Absteigen zu landen. Es ist einfach, all sein Geld loszuwerden. Es ist einfach Schulden zu machen. Es ist einfach, Freunde zu verlieren, weil man sich nicht mehr meldet. Es ist einfach, sich selbst zu verlieren. Es ist einfach, zu vergessen, wie das alles passieren konnte. Wie genau das angefangen hat. Es ist einfach sich gehen zu lassen. Es ist einfach aus Verzweiflung über sich selbst zu lachen. Es ist einfach, die Welt nicht mehr zu verstehen. Es ist einfach, aufzugeben. Es ist einfach, anderen dafür die Schuld zu geben. Es ist einfach, zu fluchen, zu schreien und zu hassen. Es ist einfach, zu verletzen. Vor allem, wenn man selbst verletzt ist. Es ist einfach zu sagen: Die Zeit heilt alle Wunden.

Es ist einfach zu verdrängen. Vielleicht sogar zu vergessen.

Aber zu welchem Preis?

Das Touristenpärchen

Da ist dieses Touristenpärchen. Sie Sonnenhut, er Karohemd. Sie Sandaletten, er Wanderschuhe. Tag für Tag sind sie unterwegs, immer woanders. Es gibt so gut wie keinen Ort mehr, an dem sie noch nicht waren. Jede Sehenswürdigkeit wurde fotografiert, jede Stadt durchstreift, jeder Berg erklommen. Die Täler wurden bewandert, die Meere überquert, die Höhlen erforscht. Sie kennen alle kulinarischen Spezialitäten und können sich bei jedem traditionellen Tanz problemlos einreihen. Sie sind in jeder Kultur zuhause und kein Fleck dieser Welt ist ihnen unbekannt. Sie liebt die Natur, er die Architektur. Sie liebt das Weltliche, er die Religionen. Sie ergänzen sich perfekt. Stehen sie zum Beispiel vor einem Bauwerk, hat sie einen Prospekt, er eine Kamera in der Hand. Alles wird genauestens betrachtet, bewundert, bestaunt. Sie saugen die komplette Welt mit all ihren verschiedenen Kulturen ein. Inhalieren ganze Länder, Sitten und Bräuche.

In dieser einen Seitengasse, in diesem einen Dorf, da gibt es diesen Essensstand. Dort haben sie sich kennengelernt. Beide auf der Durchreise. Sie Sonnenbrille, er Socken in Sandalen.

„Und was treibt Sie hier her?"

„Oh, ich will eigentlich einfach nur reisen. Immer weiter."

„Sie auch? Ach wirklich?"

„Ja ja, mein ganzes Leben schon."

„Kann man sich da vielleicht anschließen für ein, zwei Tage?"

Es wurden Wochen, wurden Jahre, ein Leben. Sie spazierten am Strand und sahen der Sonne beim Untergehen zu, standen auf dem höchsten Berg des Landes und warteten auf ihren Aufgang.

Alles gesehen, alles erlebt. Sie haben das alles durch. Sie kennen ALLES auf diesem Planeten. Das Schöne, das Schlechte. Die Unterschiede, die Gemeinsamkeiten. Ihre Augen haben gesehen, ihre Nasen gerochen, ihre Ohren gehört, ihre Münder geschmeckt, ihre Finger gefühlt, was die Welt zu bieten hat.

Auf einmal bleibt sie stehen, sieht ihn lange an und fragt: „Wie heißt du eigentlich?"

Er will nicht gleich antworten. Schließlich haben sie Jahrzehnte lang nicht miteinander reden müssen. Das war ja das Schöne. Er überlegt. Eigentlich würde er lieber weiter, aber wohin? Sie waren ja schon überall. Sie haben sich mit der ganzen Welt auseinandergesetzt. Und jetzt plötzlich steht sie da und will seinen Namen wissen. Was soll denn das?

„Wie du heißt habe ich gefragt?"

„Hab dich schon verstanden."

„Nun, also?"

„Muss das jetzt sein?"

„Ich weiß nicht."

„Warum fragst du dann?"

„Ich denke, das macht man so."

„Aber es hat doch bis jetzt alles wunderbar geklappt."

Und wie es geklappt hat. All die verrückten Nächte mit ihm. Unter freiem Himmel, in Hotelzimmern jeglicher Sorte, in einem Iglu, im Auto, im Zug, im Flugzeug, in der Wüste, in einer Höhle – oh Gott die Höhle, was für ein Echo. Nur geredet haben sie eben nie. Warum eigentlich nicht? Es hatte doch genügend Anlässe gegeben. Das eine Mal zum Beispiel, als sie in der Wüste ihre Wasserflasche verloren hatte. Sie hätte ihn nur um einen Schluck aus seiner bitten müssen. Aber sie hatte einfach keine Lust ihn anzusprechen. Sprechen ist ja auch so furchtbar anstrengend. Wenn man sich mit seinem Gegenüber AUSEINANDERSETZEN muss. Also so WIRKLICH. Wenn der plötzlich anfängt von sich zu ERZÄHLEN. Von seinen GEFÜHLEN und so. Wenn da dann so etwas kommt wie: „Ich liebe dich." BLOSS NICHT! Dann lieber Ficken am Strand ohne Handtuch. Nur halb so schön, wie man sich das vorstellt, übrigens. Man hat das ewig in jeglicher

Ritze hängen. Aber immer noch besser als dieses GEREDE, dieses FÜHLEN. Sich spüren, sich öffnen. In sich gehen. In jemand anderen gehen. Schlimmer noch, jemand anderen hereinlassen. Es heißt nicht umsonst, man darf Dracula niemals in sein Haus bitten. Der saugt dich sonst aus. Nimmt dir dein Leben, dein Innerstes. Und das gehört doch ihr. Das geht ihn gar nichts an. Der soll nicht in sie dringen. Also zumindest nicht so. Sie will das alles nicht. Wenn er dann da so in sie abtaucht und erforscht wie eine dieser Höhlen. All ihre geheimen Gänge entdeckt. All die dunklen Ecken, die tränennassen Wände. DAS WILL SIE NICHT! Und sie will auch ihn nicht sehen. Sein Körper reicht doch völlig aus. Das darunter, das ist zu viel, zu kompliziert. So unfassbar kompliziert. DAS WILL DOCH KEINER. Warum tun sich Menschen das nur an? Dieses in Gefühlen Wühlen, Nachdenken und ewige Nörgeln. Dieses Lieben und Hassen und Einander-auffressen-wollen. Jemandem ALLES hingeben. Für jemanden ausbluten, sich ausleeren, alles ausbreiten, sich zerlegen, in der Hoffnung wieder zusammengesetzt zu werden. Sich völlig in jemandem auflösen. In diesem einzigartigen Menschen zergehen, aufgehen. Zusammen ineinander keimen und wachsen und lieben und blühen und ernten und genießen! Auf ewig in dieser unbändigen Kraft einander ergeben.

„Gustav.", antwortet er schließlich. „Und du?"
„Melanie."
Stille.
Puh, das war knapp.

Voll toll

Für Juli

Voll toll, wie du da vor mir stehst.
Voll toll, wie du für mich in Flammen aufgehst.
Es ist phantastisch, wie du mich liebst,
Wie du, ohne zu nehmen, einfach nur gibst.

Voll toll, wie du immer da bist, auch wenn du nicht musst.
Voll toll, wie du alles wegfrisst, das Dunkle, die Trauer, den Frust.
Du bist an meiner Seite, ganz egal wo ich auch bin,
Selbst im Abgrund bist du bei mir, mein größter Gewinn.

Voll toll, wie du mir wieder beibringst zu leben.
Voll toll, wie du mich wieder zu mir bringst.
Mir zeigst, worauf es ankommt, mir hilfst zu verstehen,
Dankbar zu sein, und mich dann geradezu liebevoll angrinst.

Voll toll, wie einfach alles an dir glänzt.
Voll toll, wie sich mit dir leben anfühlt.
Ob du mit mir spazieren gehst oder faulenzt,
Du bist meine Sonne, ohne dich bin ich unterkühlt.

Voll toll, wie du mich wärmst, alles ist so unfassbar
schön.
Voll toll, wie ich das alles genieße und mich mit dir
verwöhn´.
Mit dir fühle ich mich einfach überall wohl,
Ich danke dir mein Freund, mein Retter, mein
Alkohol.

Die alte Kaschemme

Es gibt so Kneipen, da weiß man schon beim Betreten, dass das ein schöner Abend wird. Die sind einfach abgeranzt. Versifft. Klebrig. Da holt man sich dann an der Kneipe ein Bier. GANZ WICHTIG: ausschließlich Selbstbedienung. Alles ist dunkel gehalten und man kommt sich irgendwie sofort heimisch vor. Es hat was Familiäres. Jetzt vielleicht nicht Eltern familiär, eher so wie ein Onkel. Ja genau, diese Kaschemmen sind wie ein Onkel. Weil, klar sind die auch irgendwie mit einem verwandt, aber da kann man auch gemütlich den Kontakt abbrechen, wenn das nicht funktioniert, ohne dass sich daran jemand stören würde. Selbst beim Taufonkel ist das inzwischen egal. Ist doch eh niemand mehr in der Kirche. Aber es gibt eben auch diese geilen Typen, die eben nicht einen auf Vater machen, sondern einfach Kumpel sein wollen. Die geben dir die erste Zigarette, das erste Bier, das erste Pornoheft, was will man mehr? So ist diese Kaschemme. Und so fühlt man sich dann da. Hängt da irgendwo rum, Bier vor sich, leider keine Kippe in der Hand, weil: A: Rauchverbot und B: Nichtraucher. Und trotzdem kommt man sich vor wie Udo Lindenberg oder irgendeiner dieser abgefuckten Rockstars, die selbst im Sarg noch aussehen werden, als hätten sie gerade alles bewusst NICHT im Griff. Das perfekt kontrollierte Chaos. Die totale Coolness. Absolute Gewinnertypen, weil abgefuckt, weil dauerbesoffen, weil alles scheißegal.

Es hat etwas Romantisches. Nicht im Sinne der Liebe, viel mehr des Todes – sprich im Sinne der Kunst. Man fühlt sich zugehörig. Man weiß zwar nicht so genau wozu, aber so grundsätzlich. Zum Leben. Und das ist doch generell mal eine gute Voraussetzung, um künstlerisch aktiv zu werden. Oder zumindest um sich zu fühlen, als könnte man kreativ werden. Weil in Wirklichkeit genießt man das ja viel zu sehr, als dass man da ernsthaft anfängt, was zu schreiben oder so. Nein, man trinkt und lacht und spricht und lacht und trinkt und lacht und trinkt und spricht und witzelt und trinkt und geht kurz rauchen, weil betrunken – sprich jetzt doch irgendwie Raucher, und lacht und flirtet und knutscht und trinkt und lacht und hat kein Geld mehr.

Geile Nummer, so muss das sein. Gott sei Dank kann man hier anschreiben. Man ist eben eine Familie. Da nimmt man das nicht so genau. Klar, das nächste Mal. Hier dein Bier und da noch einen Schnaps auf's Haus. Und du feierst dich, weil der Typ an der Theke dich kennt, und bestellst deshalb gleich noch eine Tischrunde auf deine Rechnung. Man ist eine

Familie. Darf ich vorstellen, mein guter Freund und Onkel. Total der lässige Typ.

Zigarettengenuss

Als ich zwölf Jahre alt war, starb mein Opa an Bauchspeicheldrüsenkrebs. Das hat jetzt zwar nichts mit der Lunge zu tun, aber mir war damals klar, Zigaretten sind ein NO GO. Ich habe Rauchen gehasst, verteufelt und mir geschworen NIE, NIE, NIEMALS auch nur eine einzige Zigarette zu probieren. Und das gelang mir ...

... länger als erwartet.

Als Teenager war mir durchaus bewusst, dass es „cool" ist, wenn man raucht. Da bei mir dieser Zug aber ohnehin schon längst abgefahren war, hatte ich damit kein Problem. Ich hätte Kette rauchend Whisky saufen können und wäre trotzdem das Moppelchen aus der vorletzten Reihe geblieben. So etwas manifestiert sich ja. Man kann froh sein, dass das nicht irgendwann mit auf dem Grabstein steht. Hier ruht Julian (Moppelchen aus der vorletzten Reihe) Niedermeier. Was das kosten würde. Man zahlt da ja pro Buchstabe.

Jedenfalls habe ich Zigaretten gehasst und gemieden. Daheim wurde ich ohnehin mit passivem Nikotin verseucht. Zumindest solange, bis nur noch im Keller geraucht werden durfte. Wegen des Gestanks in den Gardinen und Möbeln und so. Und gesundheitlich ist das ja natürlich auch viel besser ... für den Hund.

Gestört aber hat es mich in der Tat nie und bis heute empfinde ich es auch nicht als etwas Schlimmes, wenn in einer Wohnung geraucht wird. Nur selbst habe ich eben nicht geraucht, blieb somit noch uncooler als nötig und stand auf der Mobbingrangliste weiterhin ganz weit oben.

Zum Leidwesen meiner Mutter. Die hätte nämlich eigentlich gerne einen kleinen Draufgänger gehabt. Einen Rabauken, der ausreißt, Mädels abschleppt – jeden Tag 'ne Andere, mal richtig Scheiße baut und sich mit Polizisten prügelt. Tja, stattdessen bekam sie mich. Das Aufregendste in meinem Leben war Grand Theft Auto. Das fand meine Mutter, glaube ich, ein bisschen schade. Sie hatte immer Angst, ich verpasse etwas. Sie erlaubte mir schon mit 14 Jahren, bis zwölf Uhr wegzubleiben, in der Hoffnung, ich käme irgendwann mitten in der Nacht heim. Blöd nur, dass ich um zehn Uhr schon wieder auf der Matte stand. Schwer zu sagen, wer da vom Ausgang des Abends enttäuschter war.

Als ich meine erste Sechs bekam, wurde ich mit Pizza belohnt. Als Trost, weil ich Rotz und Wasser geheult hatte. Interessante, aber vor allem für mich geniale Erziehungsmethode. Dass ich in meinem letzten Schuljahr sieben Vierer in meinem Zeugnis hatte, sollte ich vielleicht doch kurz erwähnen. Aber hey, everybody loves pizza.

Meine erste Zigarette habe ich probiert, als ich Mitte zwanzig war. Wie gesagt, ich habe erstaunlich lange durchgehalten. Und jetzt — was soll ich sagen, es ist wie bei den meisten — bin ich ein Gelegenheitsraucher. Dass das Wort Gelegenheit extrem relativ ist, kommt da natürlich nur recht. Kaffee? Gute Gelegenheit. Guter Plausch mit Freunden? Absolut. Party? Was soll die Frage. Ich kann nur froh sein, dass meine Freunde mich als absoluten Zigarettenschnorrer akzeptieren und meine Freundin es hasst, wenn ich rauche. Sonst wäre ich inzwischen schon längst abhängig. Bin ich vielleicht auch schon. Es macht halt auch einfach Spaß. Ich meine, es schmeckt scheiße und niemand kann mir das Gegenteil erzählen. Das glaube ich einfach nicht, weil — ganz ehrlich — da kann man dann genauso gut die Straße lutschen. Hmm lecker, Teer und Dreck, yummy. Nein, es geht nicht um Geschmack, es geht um einen gewissen Lebensstil. Man will das Leben genießen. Und um wenigstens ab und an einfach nur bei sich zu sein und nicht auf irgendwelche Bildschirme zu starren, lehnt man sich dann gegen eine Wand, Kaffee oder Alkohol in der einen, Kippe in der anderen Hand. Einatmen, Ausatmen. Scheiß auf Yoga. Rauchen ist exakt das

Gleiche. Nur mit anderen Positionen. Wir machen den qualmenden Schlot. Kippe zum Mund, Kippe nach unten, elegant Abaschen. Dann Kippe im Mund halten, kurz unverständlich nuscheln, wieder herausnehmen. Und immer gleichmäßig atmen: Rauch ein, Rauch aus. Exakt dasselbe.

Bier, Kaffee, Kippen, natürlich ist das höchster Genuss. Allerdings Gewohnheitssache. Weil, mal ehrlich, die wenigstens lieben ihren ersten Kaffee oder das erste Bier. Viel zu bitter, viel zu herb, viel zu extrem. Da muss man sich langsam herantasten. Man muss das trainieren. Wie Yoga. Da muss man auch langsam machen, um irgendwann selbst im Spagat atmen zu können. Warum auch immer.

Fakt ist: Die Coolness wird immer auf Seite der Zigaretten stehen. Niemand steht auf einem Hochhaus, während die Sonne untergeht, und denkt sich: „Geil, jetzt so einen Rote-Beete-Smoothie und ein bisschen Yoga." Leute, bitte! Nein. Rockstars saufen und rauchen. Das ist doch das Mindeste. Und wenn nicht die, wer denn dann? Dafür sind die doch da. Also coolnessmäßig liegt Rauchen und Saufen definitiv vorne. Was die Gesundheit jedoch angeht ... na ja; um den schwarzen Ritter aus Monty Pythons „Ritter der Kokosnuss" zu zitieren: „Einigen wir uns auf Unentschieden."

Tatsache ist, dass ich mich immer auch ein bisschen

schäme, wenn ich rauche. Ich denke dann zurück an meinen Opa, an meinen Schwur. Ich kann es nicht wirklich genießen, das Rauchen. Ebenso wenig Yoga. Da denk ich immer viel zu viel nach, kann nicht entspannen und überhaupt tut das teilweise tierisch in den Sehnen weh.

Aber es wird.

Rauch rein, Rauch raus. Irgendwann kommt sie, die Akzeptanz. Rauch rein, Rauch raus. Dann kann ich endlich genießen. Rauch rein. Ja, irgendwann kann ich akzeptieren. Rauch raus. Ich hoffe nur, es passiert, bevor ich im Sterben liege.

Quatschkopf
Für Pia

Da ist dieser Quatschkopf. Er liebt es, herumzuspringen, zu tanzen, zu singen. Darauf zu scheißen, was man machen DARF und was nicht. Auch darauf, ob man „scheißen" sagen DARF oder nicht. Er macht es einfach. Er genießt einfach, er IST einfach. Er lacht und albert und scherzt. Er schminkt sich. Malt mit dem Lippenstift weit über die Lippen hinaus, macht ein Video davon und stellt es auf YouTube, um all die dummen Schminkgirls zu verarschen. Und er lacht und er lacht und er lacht. Und er rennt raus, raus ins Leben, in den Wald und tanzt wie Rumpelstilzchen um einen Baum. Einfach nur, weil er es will und weil es schön ist und weil es gerade passt. Und es ist ihm völlig EGAL, was die anderen denken, weil er WEISS, dass in all den anderen traurigen, kleinen Menschen auch ein Quatschkopf sitzt, der eigentlich raus möchte, aber in konventionellen Gedanken eingekerkert bleibt, weil man ja seriös sein muss. Weil Erwachsene erwachsen sein müssen, obwohl niemand weiß, was eigentlich Erwachsensein bedeutet. Weil da gibt's ja keine Definition, kein Regelwerk. Und doch tun alle so, als gäbe es eines. Alle sind möglichst leise und still und halten sich zurück und wollen ja nicht auffallen. Immer schön brav sein, immer schön ordentlich sein, immer schön deutsch sein. Sie wollen nicht anders sein, wollen nicht der Freak sein, wollen nicht schief angesehen werden. Doch dem Quatschkopf ist all das EGAL. Der mag das sogar. Der WILL der Freak sein, der WILL anders sein. Weil er genau weiß, dass alles andere falsch wäre. Unecht wäre. Er ist viel lieber er selbst und beginnt erst gar nicht sich zu verstellen.

Acht Milliarden Menschen auf dieser Welt. Will man da möglichst vielen mit einem falschen Ich gefallen, oder wenigen mit dem richtigen Ich. Einfache Rechnung, findet der Quatschkopf. Und tanzt weiter. Singt, lacht, liebt.

Alles ist so schön und leicht, wenn man nicht nachdenken muss. Nicht ständig überlegen muss, wie man was sagt und wie was rüber kommt. Wer was wie auffasst. Und überhaupt sind das doch viel zu viele W-Fragen, denkt sich der Quatschkopf. Es wird sich allgemein viel zu viel gefragt. Warum nicht einfach mal wieder Kind sein und das Leben so nehmen, wie es nun mal ist. Mit allem Drum und Dran. Dem Guten und dem Schlechten. Man muss da nicht ständig irgendwas hinterfragen. Ist doch völlig EGAL, wer das alles erschaffen hat. Es ist EGAL, warum wir leben. Es ist EGAL, wie man am besten lebt. Es ist EGAL, wo ich mein Geld anlege, welches Auto vernünftig wäre und ob ich gut genug aussehe. Nur glücklich muss man sein. Also los, tanzen, lachen, springen, spielen. Warum nicht mal wieder Verstecken spielen oder Fangen oder Topfschlagen. Nicht immer nur so etwas Ernstes wie Gehaltsverhandlung, Rentenvorsorge oder Zeitung lesen. Das macht doch keinen Spaß! Das Leben könnte so oft so viel leichter sein, denkt sich der Quatschkopf. Klar kann man Pudding mit der Hand essen und natürlich kann man im Regen tanzen und selbstverständlich ist es in Ordnung die Wände mit Buntstiften vollzuschmieren. Warum durch Ordnung und Konventionen einkerkern lassen, wenn man auch einfach das machen kann, was einem Spaß macht? Warum auf Freude und Glück verzichten? Warum so sein wie andere sind? DAS MACHT DOCH ÜBERHAUPT KEINEN SINN! Schließlich sind die doch schon so. Da bin ich doch viel lieber anders, denkt sich der Quatschkopf und bleibt EINZIGARTIG. Bleibt ER SELBST.

Käsekuchen
Für Viktoria

Da ist diese Maus. Sie lebt im Käsekuchenland. Ihr Name ist Diddl und sie hat mir meine Kindheit geraubt.
Diddlblätter. Jeder sammelte sie, tauschte sie. Sie wurden zur Währung. Auf dem Schulhof wurde alles nur noch mit Diddlblättern bezahlt. Je seltener, desto wertvoller. Da gab es die kleinen, die großen, die glitzernden, die mit Geruch, die linierten, die karierten, all das spielte eine Rolle. Doch am wichtigsten war natürlich das Motiv. Was machte die Diddlmaus auf dem Blockblatt? Schwamm sie, angelte sie, oder umarmte sie sogar Diamanten? Ich heuerte Kindergartenkinder an. Sie sollten mir Diddlblätter von anderen Leuten besorgen und im Gegenzug bekamen sie Süßigkeiten. Wie sie an die Blätter kamen, weiß ich nicht und es war mir egal. Allerdings verschwanden immer mehr Kinder vom Schulhof. Gut möglich, dass die kleinen Scheißer was damit zu tun hatten. Mir sollte es recht sein. Ich konnte keine Konkurrenten gebrauchen. Meinen größten Coup landete ich, als ich die Kindergartenkinder dazu anstiftete, sämtliche Blätter mit einem bestimmten Motiv zu verbrennen. Nur ich hatte somit noch welche. Und zwar einen

ganzen Block. Ich war also so etwas wie die Europäische Zentralbank geworden. Ich bestimmte den Kurs. Alles an der Schule ging ab diesem Moment durch meine Hände. Kein Geschäft passierte, ohne dass ich davon wusste. Ich stellte für mindestens drei Blätter pro Tag mein Wissen über Seltenheit und Wertsteigerung zur Verfügung. Ich war der absolute Boss. Der Diddlbabbo.

Bis die Kindergartenkinder mich betrogen. Irgendjemand hatte ihnen gesteckt, dass Diddlblätter deutlich mehr wert waren als lächerliche Center Shocks. Sie hatten mich zusammen mit ehemaligen Freunden, die ich auf dem Weg nach oben wie unnötigen Ballast abgestoßen hatte, in einen Hinterhalt gelockt. Es war ein Geschäft, das ich nicht abschlagen konnte. Ich kam also mit meinem Diddlordner zur abgemachten Stelle. Doch ehe ich mich versah, wurde ich an einen Baum gefesselt und alle meine Blätter vor meinen Augen zerrissen und verbrannt. Noch heute wache ich manchmal schweißgebadet auf und habe den Geruch von verkohlten Diddlblättern in der Nase. Ich höre ihre Schreie ... die armen Mäuse.

Ich war am Boden, mein Leben zerstört. Ich versuchte mit Botengängen, wenigstens ein paar Blätter zu verdienen. Natürlich nur kleine, zerknitterte Fetzen mit den langweiligsten Motiven. Ich habe wirklich alles getan, um wieder an Blätter zu kommen. Alles ... Verdammt, ich habe sogar meine Unschuld für Diddl verloren. Ich war der einzige Junge, der bei uns auf dem Pausenstrich stand. Die Mädels haben mich bespuckt und weggejagt. Das wäre ihr Viertel, haben sie gesagt, und überhaupt sei ich eine Schwuchtel. Tja, das waren andere, schwierige Zeiten. Damals in den 90ern. Diese Probleme haben die Kids von heute natürlich nicht mehr. Da kann sich prostituieren wer mag. Na ja, jedenfalls habe ich mich nie wieder von diesem Schlag erholt.

Zumindest bis ich angefangen habe sie zu fälschen. Ich hatte schon immer ein gewisses Talent fürs Zeichnen. Und jetzt kam mir das zugute. Zuerst habe ich die Motive nur nachgemalt. Nach und nach kam ich wieder ins Geschäft. Ich konnte sie in den Umlauf bringen, ohne dass jemand Wind davon bekam. Natürlich waren viele skeptisch und fragten, wo ich die ganzen Blätter plötzlich her hatte. Aber ich hatte die perfekte Ausrede. Jeder, der fragte, bekam zu hören, meine Oma sei gestorben und ich hätte geerbt. Brillant. Jeder glaubte mir. Doch wie das so ist, bekam ich nicht genug. Ich wollte nicht einfach einer der kleinen Fische sein. Keine kleine Maus mehr, kein einfacher Sammler. Nein, wer einmal ganz oben war, der kann alles andere nicht ertragen. Wie ein Adler wollte ich mich emporschwingen, um auf die anderen herabzublicken, so wie ich es gewohnt war. So, wie es mir vorherbestimmt war. Also begann ich, eigene Diddlkreationen zu zeichnen und anschließend unter hohem Seltenheitswert zu verkaufen. Ich erfand immer mehr Motive. Immer noch schöner, noch besser. Und sie alle kamen in den Umlauf. Und ich, ich war wieder der Diddlkönig am Schulhof. Hier sollte man meinen, die Geschichte wäre vorbei und ich hätte gewonnen. Tja, das dachte ich auch. Doch plötzlich warf mich das Schicksal wieder mit voller Wucht zurück auf den Boden.

Denn plötzlich sammelte man Yu-Gi-Oh Karten.

Das lernende Kind

Da ist dieses Kind. Es spielt und turnt und lacht. Es genießt das Leben. Es rennt und fällt. Es lernt. Lernt durch das Leben. Und dann in der Schule. Es sitzt und schreibt und schweigt. Es macht Hausaufgaben und beginnt zu verstehen. Es addiert und multipliziert. Physik, Chemie, Erdkunde, Geschichte. Französische Revolution, Cosinus, Kohlenstoffdioxid, sechzehn Bundesländer. Das Kind genießt mit seinen Freunden auf dem Schulhof seine Pause. Es spielt und turnt und lacht. Für wenige Minuten. Dann geht das Kind wieder in sein Klassenzimmer zurück. Vorne an der Tafel stehen Formeln und Aufgaben. In seinem Heft stehen Bemerkungen und Noten. Der Lehrer beurteilt und befragt. Die Eltern kontrollieren und helfen. Bis sie es plötzlich nicht mehr können. Weil sie vergessen haben, wie all diese komplizierten Aufgaben funktionieren, oder weil sie kein Englisch können, oder weil sie nicht wissen, wie die Hauptstadt von Ungarn heißt, oder weil sie ein Ion für ein elektrisches Kabel halten. Das Kind ist also auf sich selbst gestellt und hat nur noch all diese Bücher und Hefte. Es sitzt daheim und schläft am Schreibtisch ein. Teils aus Langeweile, teils aus Müdigkeit.

ETWAS NICHT ZU BEGREIFEN, BEDEUTET NICHT, DASS MAN NICHT INTERESSIERT IST.

Das Kind sitzt da und LERNT und VERLERNT gleichzeitig.

Es wird mit der Geschichte vertraut, aber dem Aktuellen fremd. Sich selbst erst recht. Ein Spiel hat jetzt nicht nur Regeln, sondern muss auch gewonnen werden. Zahlen haben mehr Bedeutung als je zuvor. Am meisten die von Eins bis Sechs. Und die Lehrer drängen, zu lernen und zu studieren und zu machen und zu werden, um zu sein. Und das Kind nickt und bejaht, wie es alle in der Klasse machen. Es denkt immer weniger, es funktioniert.

ANOTHER BRICK IN THE WALL.

Ein Programm, das auf Knopfdruck Antworten gibt. Siri, was ist die Hauptstadt von Ungarn? Alexa, was ist ein Ion? Cortana, wann war die Französische Revolution. Das Kind weiß es nicht. Peitschenhiebe im Blick des Lehrers. Gepaart mit Mitleid und der absoluten, herzzerreißenden Sicherheit, dass es ihn irgendwann einmal bei McDonald's bedienen wird. Und wer arbeitet schon bei McDonald's? Überhaupt, wer wird schon Verkäufer, oder Kellner, oder Mechaniker, oder ergreift einen der anderen Berufe, in denen man nicht in grauen Neubauten auf Computertastaturen einhackt? Wer etwas sein will, der arbeitet hinter geschlossenen Türen. Und das Kind, so viel steht für den Lehrer fest, wird nicht einmal in die Nähe solcher Türen kommen. Höchstens als Putzfrau. Alles über 2,0 zählt erst gar nicht. Und das Kind zählt mit. Akribisch rechnet es seine Noten zusammen und versucht ängstlich zu erraten, was wohl im Zeugnis stehen wird. Und dann ist es doch etwas ganz anderes. Und die Eltern rätseln, was da schiefläuft. Sie verstehen schon längst die Aufgaben nicht mehr und sind froh, da raus zu sein. Aber man schickt das Kind doch nicht umsonst in die Schule. Man investiert da doch in etwas, also warum ist das Ergebnis dann so schlecht?

Also weiter LERNEN. Es lernt und lernt und lernt. Die Pause im Hof ist ein kurzes Durchatmen geworden. Das Lachen ist dem Diskutieren und Lästern gewichen. Dem Mobbing und Druck abbauen. Dem Dampf ablassen, dem Frust kanalisieren. Der Ärger muss raus. Und das Kind sitzt da, gedemütigt von anderen Kindern, und macht sich seinerseits wieder über ein anderes Kind lustig. Die ewige Kette. Es gibt immer noch kleinere Fische. Wenn es uns schlecht geht, sehen wir gerne, dass es anderen schlechter geht.

Und das Kind sitzt und LERNT. Nichts von Moral, Humanität oder Ethik. Aber es lernt. Die Gesichter in der Klasse ändern sich, die Lehrer wechseln und die

Räume sind nicht mehr dieselben. Trotzdem ist es immer dasselbe. Frage, Antwort. Und wehe es ist die Falsche.

Und während das Kind versucht, genau das zu vermeiden, und sitzt und LERNT, lechzt es nach all diesen Dingen, die es in den Büchern sieht. Wie gerne würde es mal nach Budapest, Genf oder Paris. Das Kind will die Dinge erleben und nicht aufzählen. Es könnte so viel machen, aber muss erst noch so viel LERNEN, um es sich später erfüllen zu können. So heißt es zumindest. Zuerst fertig LERNEN, dann erkunden. Die Dinge müssen verstanden werden, bevor wir sie anpacken. So heißt es doch. Erst LERNEN dann LEBEN.

Auf dem Campusgelände beobachtet das Kind ein Vogelnest. Die Kleinen werden gefüttert. Tagein, tagaus. Und irgendwann sind sie weg. Das Kind weiß, dass sie von der Mutter aus dem Nest geschmissen wurden. Instinktiv wusste sie, dass die Kleinen fliegen können, auch wenn sie es selbst vielleicht noch nicht wussten.

Das Kind ist inzwischen über dreißig und fragt sich, wie zum Teufel das passieren konnte.

Der Prophet

Da ist dieser Prophet. Er nennt uns einen Ausweg aus dieser Misere. Aus all diesem Mist. All diesem Plastik. All dieser Kohle. All diesem Hass. All dieser Ignoranz. All diesem Sich-Fremdsein. All diesem Nicht-Menschsein. Aber wir hören nicht, wir sehen nicht, wir wollen nicht. Wir bleiben. Verharren. Suchen weiter. Denn wer weiß? Hat der Prophet wirklich recht? Ist der Ausweg echt? Ist er auch nicht zu gefährlich? Was für Auswirkungen bringt er mit sich? Und warum überhaupt ausgerechnet dieser Ausweg und kein anderer? Klar, noch ist kein anderer da, aber bevor wir entscheiden, brauchen wir doch Auswahlmöglichkeiten. Es gibt doch immer A, B oder C. Und schon ist der Weg überschüttet mit Mist, mit uns.

Und wir googeln weiter. Gute-Frage.de weiß die Antwort. Mutti hilft. Mutti tot. Wir recherchieren und diskutieren, während ein Junge sich traut ein Mädchen zu küssen. Einfach so. Ganz schnell. Ohne zu überlegen. Einfach nur, weil er es fühlt. Und sie werden ein Ehepaar. Und lieben sich. Und sterben. Und ihre Knochen häufen sich auf all den anderen Leichen. Aus all diesem Bekriegen und Morden.

Wie tötet man am effizientesten? Forscher sind dran. Das Internet tötet unseren Willen, unsere

Freiheit. The Walking Dead ist mitten unter uns. Heute schon aufs Handy gesehen? Wie oft genau? Wer bitte weiß das heutzutage schon noch? Roboter werden uns niemals ersetzen, dafür sind sie viel zu intelligent. Was bitte sind wir schon groß? Androiden mit Android in der Hand und Suchmaschinen im Kopf. Wer braucht schon ein Gehirn? A, B oder C.

Und der Prophet steht und schreit. Doch wir hören ihn nicht, denn nichts ist wichtiger als eine Katze auf YouTube. Frühstück bei Instagram. Artikel auf Facebook. MEINUNG, MEINUNG, MEINUNG. Wir haben zwar keine, können uns aber jederzeit eine holen. Gibt ja genügend. A sagt B und B sagt C und C sagt nee, nee, nee. So nicht. Wo lang? Was jetzt? Wohin? KRIEG, KRIEG, KRIEG. Immer dagegen. Konsens ist Schwäche. Einigung heißt verlieren. Über 8 Milliarden Meinungen. 8 MILLIARDEN! Doch wie viele zählen wirklich? Und wie viele davon können überhaupt zählen? Und gibt es da einen Zusammenhang?

Und der Misthaufen wächst und wächst, aber wir sehen ihn nicht. Denn da sind Katzen und Hunde und Videos und Bilder und diese andere Welt. Diese Welt ohne Propheten. Weil sie keinen Propheten braucht. Weil wir da anklicken können, was wir wollen. Weil WIR entscheiden können. Weil wir

ALLES machen können. Sein können, WIE wir wollen. Und wir schreien unsere Meinung in die Welt hinaus, ins WWW, in die WAHRE WIRKLICHE WELT. Jedes Bild, jeder Beitrag, einfach alles will doch bewertet werden. Will eine Meinung haben. Muss beschimpft werden. Muss gehasst werden. Und einfach alles hasst sich gegenseitig. Tausende Zombies tun so, als würden sie leben, wenn sie ihre Wohnung verlassen. Sie glauben, Gift zu atmen, wenn sie draußen sind, weil sie Frischluft nicht mehr erkennen. Sie spannen Schirme auf, wenn es regnet, weil sie vergessen haben, dass alles Leben aus Wasser besteht. Sie eilen und hetzen, weil sie nicht verstehen, dass Zeit die größte von Menschen erschaffene Illusion überhaupt ist. Und sie alle sterben und gebären sich selbst, während der Dreck wächst und wächst.

Der Prophet brüllt sich heiser.

Wieso, weshalb, warum? Wer nicht SICH SELBST fragt, bleibt dumm. Lebst du noch, oder suchst du schon?

Und 8 Milliarden Kinder streiten sich um einen einzigen Ball. Um EINE richtige Antwort. Und verstehen nicht, dass sie nur akzeptieren müssten. Und sehen nicht und hören nicht und wollen nicht. Alle wollen sie beraten werden und brauchen Tipps und Tricks. Jagen Trends hinterher und wollen so sein wie all die anderen.

Und 8 Milliarden Jugendliche hassen alles und jeden, weil sie auf dieses Pubertieren, diesen ewigen Wandel nicht klarkommen. Sie wissen nicht, wer oder was sie sind. Laufen planlos umher und wundern sich. Sie hoffen und träumen, und tun was man ihnen sagt, weil sie glauben, da ist jemand, der es besser weiß. Gleichzeitig aber rebellieren sie. Gegen wen genau und warum wissen sie zwar nicht, aber das ist doch auch völlig egal. Sie lieben es einfach, auf Demos zu gehen. Dabei sein ist alles. Sie lieben es, sich in ihrer Meinung bestätigt zu wissen. Macht sich auch total gut in der Facebook-Timeline. Und man fühlt sich dann immer, als wäre man auf der richtigen Seite. Man fühlt sich als Einheit, wie bei einem Konzert, oder so. Für einen kurzen Augenblick wissen sie alle, wo sie stehen. Aber kaum ist es vorbei, gehen sie heim, als wäre nichts gewesen. Und das Kollektiv zerfällt wieder in eine Horde tollwütiger Steppenwölfe. Und sie bellen sich an. Fauchen, kratzen und hassen.

Und 8 Milliarden Erwachsene tun so als ob. Denken sie wären anders, wüssten wie der Hase läuft. So wie ich. BULLSHIT. Als ob ich irgendetwas wüsste. Ich renne und schreibe und haste, habe aber aus Protest keinen Terminkalender, weil ich mich von nichts und niemandem einschränken lassen will, auch nicht der Zeit. ALS OB!

Währenddessen fliegt ein Vogel vorbei. Und niemand hat ihn gesehen. Und der Vogel trauert. Weint, weil er uns nicht helfen kann.

Und 8 Milliarden Sterbende wissen nicht, was sie geleistet haben. Blicken auf einen Haufen Mist zurück und bekommen Beklemmungen, wollen alles ändern, richtigstellen, perfektionieren. Nochmal, nochmal. Nicht aufhören. Das darf hier nicht aufhören. Nicht jetzt. Nein, ich bin noch nicht fertig. Ich muss noch kurz, ganz kurz, das ist ganz wichtig. Ich war hier. ICH WAR HIER.

Das Leben ist ein einziges Klammern und Festhalten. Bis es loslässt und wir fallen.

Was aber passiert, wenn WIR loslassen?

Der Prophet gibt auf. Er schweigt. Und ihm wird wohlig zumute. Und plötzlich, einfach so, ist er glücklich.

Nacht
Für Korbinian

Da ist dieses Kind. Und wie die meisten Kinder hat es furchtbare Angst in der Nacht. Monster, Geister, oder einfach nur böse Menschen. Es gibt nichts, das in der Dunkelheit nicht unbemerkt existieren könnte. Wie oft wurde dem Kind ein Tisch mit Gläsern schon zu einem zum Sprung ansetzenden Löwen mit funkelnden Augen, oder der Kleiderständer in der Ecke zu einem lauernden Mörder in einem langen, dunklen Mantel. Ein Windhauch wird zum Fauchen, ein Knacken zu einem brechenden Knochen. Das leiseste Geräusch wird so laut, als wäre es direkt am Ohr des Kindes.
Nach jahrelanger Pein setzt jedoch irgendwann die Logik ein und das Kind versteht, dass egal wer sich da im Dunkeln auch versteckt, genau so wenig sieht wie das Kind selbst. Irgendwann gefällt ihm sogar dieses Gefühl in der absoluten Stille und Dunkelheit zu sitzen und dabei nicht gesehen zu werden. Das Kind beginnt sich selbst als Monster zu fühlen und wird Teil der Nacht. Immer öfter liegt es jetzt nachts wach und blickt mit einem Lächeln im Gesicht ins tiefe Schwarz. Eines Tages steht es sogar auf und wandert langsam durch das Haus. Es erforscht jedes Zimmer, sieht alles aus einem ganz anderen

Blickwinkel. Es schleicht sich von Ecke zu Ecke, tut so, als wäre es ein Mörder, der auf keinen Fall gehört werden darf. Verkriecht sich in einer Ecke mit Blick aufs Badezimmer, um die Eltern zu beobachten, wie sie nachts auf die Toilette gehen ohne es dabei zu entdecken. Selbst die beiden ihm so vertrauten Menschen, Mutter und Vater, sind eigenartig anders in der Nacht. Sie reden anders, gehen anders. Irgendwie unaufgeregter. Die Nacht, die Stille, die Dunkelheit. Alles ist langsamer und ruhiger. SCHÖNER.

Das Kind ist erwachsen und die Nacht zu seiner Heimat geworden. Es begegnet nun den Dämonen nicht mehr nachts, sondern tagsüber. Wie oft sieht es auf dem Tisch die Alkoholgläser oder die alte, verlotterte Jacke am Kleiderständer. Dann lieber zurück in die Dunkelheit, in die Nacht, wenn alles stillsteht. Nur noch Exzess. Alltag hat in der Nacht Ruhepause. Die Nacht bringt das wahre Leben zum Vorschein. Das, was Spaß macht, das, was hängen bleibt. Und das Kind, das jetzt erwachsen ist, ist mittendrin. Alles, was früher außerhalb war, ist nun innen. Es wurde nun endgültig selbst zum Monster und nur in der Nacht fühlt es sich zuhause. In der Nacht, im Volk der Betrunkenen, der Feierwütigen, der Verlierer und Verlorenen. Durch dunkle Gassen schlendern und Menschen mit der bloßen, unerwarteten Anwesenheit erschrecken. Die Nacht ist finster und erdrückend. Aber sie bewertet nicht. Sie hat keine Erwartungen. Sie fordert nicht. Sie gibt nur. Es gibt nichts, was man in einer Nacht zu erfüllen hat. Die Nacht ist die reinste Lebensquelle. Und das Kind badet darin. Nichts ist so schön wie die Nacht. Als Kind hatte es Angst nichts mehr zu sehen, jetzt hat es Angst davor gesehen zu werden. Als Kind hatte es Angst vor den äußeren Dämonen, jetzt hat es Angst vor den inneren. Als Kind hatte es Angst zu sterben, jetzt hat es Angst vor dem Leben.

Silvester

Da ist dieser Tag, an dem alle Menschen glücklich sind. Er läutet ein neues Jahr ein. Geschafft. Schön war´s. Viel Freude, Glück und Gesundheit sei auch mit dabei. Auf 2019, auf 2476, auf 5813. Auf ein Neues, auf ein Neues. Sie sind so GLÜCKLICH. Alle sind so GLÜCKLICH. Sie sind so GLÜCKLICH, dass sie weinen müssen. Alles ist so schön. Und alle schreien und jubeln. Und alle zählen.

10!!

Sekt wird geköpft, getrunken, gefeiert, getanzt, geküsst, geknuddelt. Bussi, Bussi, Baby boom. Jedes Jahr. The same procedure as every year. Mann, sind wir gut drauf alle. Das ist so toll. Alles ist plötzlich so leicht und so schön. Alles ist so einfach. Keine Sorgen gerade. Mama, ich hab´ dich so lieb. Papa, wie schön, dass es dich gibt. Opa, wir schießen eine Rakete für dich rauf.

9!!

So viele Raketen. Farben, Glitzer. Es knallt und kracht. Scheiß auf die Umwelt. Heute schießen wir den Vögeln Raketen in den Arsch. Heute geht's um die Menschen. UM UNS. Heute sind wir alle froh, toll und einfach nur glücklich. Alle sind so, so MEGA GUT DRAUF! Das kann man nicht beschreiben, das muss man erlebt haben. Jeder Mensch, einfach alle,

alle Menschen feiern das.

Also fast, fast alle. Sprich, die, die das kennen und nicht gerade im Meer ersaufen oder so.

8!!

Aber die meisten, die meisten feiern das. Da wird eingekauft und Geld aus dem Fenster geschmissen. Aber hey, dieser Tag ist ja nur einmal im Jahr. Jedes Jahr. Das ist Kult, Tradition. Das gehört zu diesem Land dazu. Zu dieser Welt. Zu diesem System. Und niemand kommt da dagegen an. Selbst die, die es wollen. Du wirst da mitgerissen von dieser guten Laune, dieser Melancholie, dieser „Ich bin voll drüber" – Stimmung. Dieser „Mein Leben ist eigentlich mega scheiße, aber heute mal nicht" – Stimmung.

7!!

Und diese Stimmung bringt dich zum Heulen, so schön ist das. Das ist so SCHÖN. Da sind Männer, die weinen. Da weinen tatsächlich Männer. Gibt's das? MÄNNER die weinen?! Ist das noch „schwul" oder schon Emanzipation?

Und keiner weiß, warum sie weinen, aber sie tun es. Heimlich natürlich, aber trotzdem. Das ist so SCHÖN. Irgendetwas ist an diesem Tag in der Luft. Abgesehen von dem Raketenrauch versteht sich. Irgendetwas, das Menschen glücklich macht. Alle sind so GLÜCKLICH. So anders.

6!!
Alle Menschen, die auf dieser schönen Welt leben, sind an diesem Tag eine große, glückliche Familie! Also fast, fast alle. Aber das ist ja klar. Nicht jedes Land kann da dazu gezählt werden. Also zur Welt. Das ist mehr so Anhang. So Geschwüre. Wie so Pickel. Die müssen weg, die stören.

Raketenrauch.

5!!
Da sind Männer, die weinen. Und Frauen. Und Kinder. Und überall nur Bleigießen. Jeder gießt da BLEI. Was die Zukunft wohl bringt ... ? Überall nur Lärm und Rauch. Mitten in der Nacht. Das kann man nicht beschreiben, das muss man erlebt haben.

4!!
Der ganze Horizont glüht. Feuerrot. Ringsherum. Und alle sind plötzlich so gleich. Alle sind so eins. Nachbarn, die sich eigentlich nie ausstehen konnten, stehen sich plötzlich so nahe, als wären sie Familie. Und dann umschlingt man sich. Presst sein Gegenüber ganz fest an sich.

3!!
Einfach alle. Kinder, Eltern, Schwestern, Onkel, Tanten, alle! Sie alle rennen umher. Und sie alle schießen Raketen in die Luft. Also fast, fast alle ... Und du weinst. SCHÜSSE. Wirklich, du weinst. SCHÜSSE. Weil irgendetwas ist da.

2!!

Irgendetwas nimmt dir die Luft zum Atmen. SCHÜSSE. Und du weißt einfach nicht, was es ist. SCHÜSSE. Es ist so verdammt überwältigend, dieses Gefühl. SCHÜSSE. Es ist wie ein Ziehen und Zerren. Ein Stechen und Drücken. SCHÜSSE. Dein Magen krampft.

1!!

Und du siehst an dir herab und du merkst –

FROHES NEUES!!

Das Puzzle

Da ist dieses Puzzle. Niemand weiß, aus wie vielen Teilen es genau besteht. Aber jedes davon ist auf seine eigene Art und Weise einzigartig. Da gibt es helle, schimmernde, dunkle, eckige, runde, neue, alte und viele mehr, deren Beschreibung eine Unendlichkeit in Anspruch nehmen würde. Manche von ihnen fügen sich ohne Schwierigkeiten in ihren Platz ein. Andere jedoch finden erst nach mehreren Anläufen ihr zugehöriges Gegenstück. Das Traurige dabei aber ist, dass die Teile, egal wie lange sie auch nach ihrem endgültigen Platz suchen, jeweils nur vier weitere Teile um sich haben. Durch diese erfahren sie zwar, dass es noch weitere gibt und wie diese aussehen, aber wie groß das eigentliche Puzzle ist, weiß niemand von ihnen. Keiner erkennt, welch fantastisches Bild sie zusammen ergeben. Sie sehen sich nur aus der Nähe. Beurteilen einander aufgrund ihrer Farbe, ihres Glanzes, ihres Alters. Oft bilden sich Gruppen und manche Teile finden sich nur bei Gleichgesinnten zurecht. Rand zu Rand, lila zu lila, alt zu alt. Dass nur ein wenig weiter entfernt von ihnen das absolute Gegenteil liegt, ist ihnen egal. Sie ignorieren das, wollen nichts davon wissen. Sie bleiben für sich und schauen nicht weiter als zu ihrem eigenen Rand. Sie sind kurzsichtig und stur.

Verstehen nicht, wie ein Teil so völlig anders aussehen kann. Wie ist es möglich, dass dieses andere Teil in seinem ganzen Wesen so absolut und unumstößlich falsch ist? Dieses Teil ist falsch, es passt hier nicht her, denken sie. Und das gleiche denkt sich wiederum dieses Teil.

Nur die nächste Umgebung ist normal. Das ist es, was sie alle denken. Ich kenne oben unten links und rechts. Alles andere ist fremd. Ist außen. Gehört nicht mehr dazu. Die Norm, das bin ich und meine vier Zugehörigen. Höchstens noch deren Zugehörige, aber dann ist Schluss. Rote Teile hassen gelbe Teile und Randteile wissen nicht einmal, dass es grüne Teile gibt, während alte Teile absolut kein Verständnis für glitzernde Teile haben. Und so geht das ewig weiter. Denn keiner von ihnen kennt das volle Farbspektrum des wunderschönen Bildes.

In ihrem tiefsten Innern jedoch, da erahnen sie in einem glücklichen Moment, was sie eigentlich sind. Für eine ganz kurze Zeit scheint ihnen völlig klar vor Augen zu liegen, dass sie mit Abermilliarden anderen Teilen ein großes Ganzes ergeben. Doch sobald sie wieder ihre Nachbarn vor Augen haben, ist diese Ahnung auch schon wieder vorüber. Verdrängt, vergessen, als hätte es sie nie gegeben.

Sie sehen sich und sehen sich nicht. Sie schimpfen und hassen und schreien. Sie streiten und handeln und denken. Sie reden und schreiben und malen. Sie sitzen und stehen und liegen. Sie eilen und schuften und schlafen. Sie drücken und hasten und wollen. Sie spucken und schlagen und zanken. Sie lernen und lehren und leben. Sie leiden und weinen und lieben. Sie schmecken und riechen und fühlen. Sie ficken und küssen und schmatzen. Sie feiern und stürzen und fallen. Sie töten und schützen und sterben. Sie flehen und beten und fliehen. Sie streben und ackern und scheitern. Sie schaffen und meinen und haben. Sie wissen und glauben und hoffen. Sie kommen und bleiben und gehen. Sie sehen ... und sie sehen nicht.

Selbst das beste, reinste Teil unter ihnen, so unschuldig es auch sein mag, wird von einem anderen als das schlimmste und hässlichste von allen verachtet und umgekehrt. Wo Schwarz ist, da ist auch Weiß. Und wo Weiß ist, da ist auch Schwarz. Alle Teile sind gut und alle Teile sind böse. Diese Wertigkeiten existieren nur in ihren Köpfen, aber das wissen sie nicht. Sie wissen nur, wer ihre Nachbarn sind, und dass sie diesen angehören. Sonst niemandem. Nur mit ihnen sind sie verbunden. Komme, was da wolle.

Ein Vogel fliegt über das Puzzle hinweg. Ein so prächtiges, faszinierendes Bild hat er noch nie gesehen. Er sieht keine Teile, keine einzelnen

Farben, keine Zugehörigkeiten, keine Grenzen und keine Unterschiede. Er sieht nur das Ganze. Und es ist unbeschreiblich schön.

Das Nazieichhörnchen

Da ist dieser schöne Wald. Prachtvoll, groß, majestätisch. In einer der Baumkronen sitzt ein Vogel. Unter ihm ein Eichhörnchen. Plötzlich hüpft ein zweites Eichhörnchen heran.

„Hey, du. Entschuldige.", hält das Erste das Herankommende auf.

„Was´n?"

„Du, ich möchte eigentlich nichts sagen, aber das ist mein Wald."

„Was? Wie dein Wald? Willst du mich verarschen?"

„Nein."

„Hast du den gekauft, oder was?"

„Nein."

„Kannst´e nämlich nicht, bist ´n Eichhörnchen."

„Ja, ich weiß."

„Gut, dachte schon. Wär´ sonst echt ´n freaky Gespräch geworden. So mit ´nem persönlichkeitsgestörten Eichhörnchen. Nicht dass du plötzlich vom Baum springst, weil du denkst du kannst fliegen."

„Nein. Hör zu. Ich wollte nur sagen, es freut mich, dass du da bist. Wirklich. Ist nett, dass du hier bist. Ich mag das, ist ja auch genug Platz da und so, nur ... könntest du bitte berücksichtigen, dass das mein − also das ich hier zuerst da war, meine ich. Sprich, dass du bitte gewisse Regeln befolgst."

„Alter, was´n bei dir verkehrt? Regeln? Was´n für Regeln?"

„Ach Regeln, das klingt ja auch viel zu hart. Mehr so Richtlinien, sagen wir Orientierungsgedanken. Auch gar nichts Schlimmes oder so. Nur warte bitte doch noch ein paar Monate bevor du mit dem Nüsse sammeln anfängst. Im Winter darfst dann du. Aber bitte nicht sterben, sonst heißt das nur wieder ich war das und das stimmt ja dann so auch nicht. Weißt du, ich will hier keinen Streit. Mach erst einmal nichts, ja? Also jetzt nicht nichts. Ich will schon sehen, dass du etwas machen willst. Auch wenn ich dich nicht lasse. Wobei, bisschen aufräumen und Nüsse für mich sammeln, das könntest du eigentlich schon machen. Bisschen beteiligen halt. Das ist ja wohl nicht zu viel verlangt. Aber ansonsten mach einfach erst mal bisschen piano. Guck dir alles an, schau dich um, ist ja ein freier Wald. Wobei, vielleicht bleibst du vorerst einfach mal hier auf diesem Baum. Also dem Ast. Sprich da wo du gerade stehst. Zu deiner eigenen Sicherheit auch. Kann hier sehr schnell sehr viel werden, wenn man das nicht gewohnt ist. Und was, wenn du plötzlich merkst, dass du doch wieder zurück in einen anderen Wald willst. Das wäre die Mühe dann ja auch gar nicht wert gewesen. Also bevor wir uns da jetzt unnötig aneinander gewöhnen ... wäre ja blöd. Na ja andererseits, ich gewöhne mich ohnehin an dich, muss ich ja. Ich weiß ja jetzt, dass du da bist. Auch wenn du jetzt nur hier auf diesem Baum bist. Also Ast, na du weißt schon, was ich meine. Jedenfalls fängt es da natürlich an bei mir zu rattern. Was ist das für einer und was will der, weil man weiß halt leider nie. Gerade bei einem wie – also jemand wie – na ja weil halt so viele von deinen – MANN, nimm´s mir bitte nicht übel, aber ich kenn´ dich halt nicht. Was weiß ich, wo du herkommst und was man da so macht. Will ich auch ehrlich gesagt gar nicht wissen. Ich kann´s mir eh vorstellen. Man hört und sieht ja so viel. Grauenhaft. Tut mir leid. Also denk ich. Keine Ahnung. Vielleicht ist es ja gar nicht so schlimm. Ich mein, du kannst ja auch jederzeit zurück. Wie du willst. Mein ja nur. Das ist ein freies Land. Du hast die Freiheit dort hinzugehen, wo immer du willst. Und wenn du lieber heim willst, dann ... jederzeit. Also von mir aus ... na jetzt bleibst du auf jeden Fall erst mal hier auf diesem Baum, also Ast, also hier halt, das ist echt gar kein Problem, mach ich total gerne. Und wenn was ist, wenn du irgendwelche Fragen hast, dann ... du, irgendwann sieht man sich schon mal wieder. Also, Willkommen und fühl´ dich wie zuhause."

„Ich bin eigentlich nur auf Durchreise.", sagt das Eichhörnchen und verschwindet.

Das andere Eichhörnchen bleibt stehen und beginnt zu grinsen. Der Vogel redet mit ihm. Zwitschert und pfeift. Das Eichhörnchen antwortet. Fiept und schnalzt.

Es nützt nichts. Die beiden verstehen sich nicht. Aus irgendeinem Grund reden sie aneinander vorbei.

Schade, denkt sich der Vogel und fliegt weiter. So schön der Wald auch ist, aber bei so einem Bewohner will er nicht bleiben.

Satan

Da ist dieser Satan. Und ich bin überzeugt, dass er in Bettpfosten lebt. Dort übt er auf kleine Zehen eine solche Anziehungskraft aus, dass sie sich liebend gerne – ihren Gebieter vollständig vergessend, ja geradezu ignorierend – in das harte Echtholz rammen, so dass sich die vordere Kuppe wider aller Sehnen und Knochen mit Ach und Krach nach hinten biegt. DAS ist Satan.

Satan wohnt auch in eingeschweißten Scheren, die man nur mit einer Schere aufkriegt. Wer sonst kommt auf eine so bescheuerte Idee. Überhaupt, Plastik, DAS ist Satan. Plastik in Plastik in Plastik, in einer Plastiktüte, gekauft mit einer Plastikkarte. WAS SOLL DAS?

Und Satan lebt auch in der etwas zu dünnen Zahnseide, die sich zwischen den Zähnen verheddert wodurch man dann ein kleines, drückendes Stück Fädchen im Zahnzwischenraum hängen hat. Und das ist so gar nicht der Sinn von Zahnseide. Da kann ich mir doch gleich so eine kleine Maisschale, die man immer im Popcorn findet, ins Gebiss rein hämmern.

Und Satan steckt auch in diesem einen Auto vor mir, das immer 2 km/h langsamer fährt als ich, so dass ich dann mit 48 km/h durch die 30er Zone kriechen muss. Da muss man immer so blöd überholen und bringt dann wegen diesem Arsch die alte Omi in Gefahr, die gerade über den Zebrastreifen geht. Der Verkehr muss fließen, der muss FLIESSEN, aber nein, nicht wenn Satan am Steuer sitzt. Weil das merk ich ja, wenn ich da den Tempomat drin habe, ich merk das ja. Das schwankt bei dem da vorne immer so zwischen 19 und 56 km/h. Bremsen, Gas, Bremsen, Gas, Bremsen, Gas, – Rollenlassen. Was soll denn das? Es gibt nur zwei nachvollziehbare Gründe, warum ein Auto so fährt. Entweder wird es von einem Pärchen gesteuert, das es gerade miteinander treibt wie zwei rollige Affen auf Speed, oder: SATAN.

Er sorgt auch dafür, dass die Schlange beim Einkaufen, die ich gewählt habe, nicht nur immer die ist, die am längsten braucht, sondern, dass an der Kasse dann auch noch eine Auszubildende auf mich wartet und jeden Artikel auf der Suche nach dem Barcode wie einen dieser Zauberwürfel dreht und wendet, nur, um dann doch den Vorgesetzten zu fragen.

Satan befindet sich auch in diesem provozierenden, blinkenden Strich aus Word. Man sitzt dann da und will schreiben, weiß aber nicht was, und dann ist da dieser bescheuerte Strich, der einem zeigt, wie schlecht man ist. Wer bitte hat sich das ausgedacht? Was soll das? Mit jedem Blinken zeigt er mir nur an, wie viel Zeit vergeht, ohne dass ich schreibe. 21, 22, HALTS MAUL! Und jeder Schriftsteller, der sagt, er kenne dieses Gefühl nicht, der lügt oder ist jedes Mal, wenn er schreibt, auf irgendwelchen Drogen. Oder er ist ein Genie. Oder beides. Ein Schreibgott, der immer zu jeder Zeit schreiben kann, was er will, ohne dass es missglückt. Ein Schreibgott namens Roman. Times New Roman.

Satan steckt auch in schlechten Wortwitzen.

Und er steckt im Neid. Alle sind dünner, schöner, trainierter und vor allem bessere Texter, Slammer, Poeten. Wie heißt es so schön in Künstlerkreisen: Mann, was würde ich für eine schreckliche Kindheit geben. Tja, hatte ich nicht. Danke, Mama, für nichts. Mit deiner scheiß Liebe und Fürsorge. Danke, Papa, du gut verdienender Arsch. Alle anderen müssen irgendetwas aufarbeiten und können total emotionale Texte schreiben. Ja geil, und ich? Aus meiner Bilderbuchkindheit lässt sich doch nichts machen.

Satan lässt mich auch Männer mit gutem Bartwuchs beneiden. Mein Bart sieht aus wie ′n Kriegsschauplatz. Da sind Stellen wie weggebombt. Da wächst nichts mehr, nie wieder. Und links und rechts ist so bisschen was hingesprenkelt. Da lässt sich nichts mit machen. Ist er ab, sehe ich aus wie 15, lasse ich ihn wachsen, sehe ich aus wie 15 mit angeklebten Schamhaaren in der Fresse.

Satan ist auch Übertreibung. Trotzdem, da sind tatsächlich zwei Stellen in meinem Bart, da will einfach kein Haar wachsen. Dafür hab´ ich abertausend andere Stellen am Körper, wo zwar keines wachsen sollte, aber ein ganzer Urwald sprießt.

Ich wiederhole, Satan ist Übertreibung. Und Lüge. Und Ungewissheit. Und falsche Schönheitsideale.

Oder nachts, wenn du todmüde bist, aber einfach nicht einschlafen kannst, weil du einen Tick zu lang wach warst. Den Punkt überschritten hast. Auch das ist Satan. Und dann liegst du da und verfluchst dich und die Welt, vor allem aber dich. Und jede Position fühlt sich irgendwie unbequem und falsch an. Jeder Stellungswechsel – hihi Stellungswechsel (Auch das ist Satan. Infantiler, sexistischer Humor, kurz, Männer. By the way, für alle Frauen, die jetzt gelacht haben, auch das war sexistisch.) – jedenfalls, wenn du da nicht schlafen kannst und dich hin und her wälzt, fühlt sich jeder Stellungswechsel an, als würdest du dich auf ein wütendes Stachelschwein legen. Ich hab´ zwar keine Ahnung, wie sich das anfühlt, aber mir fiel kein besserer Vergleich ein. Und auch das ist Satan!

Oder Werbung im Fernsehen. Also allgemein ja, aber vor allem kommt die immer genau dann, wenn ich es mir mit meinem Essen bequem gemacht hab. Und ich weiß ja nicht wie es euch geht, aber ich kann inzwischen nicht mehr essen, ohne dass nebenher was Gutes im Fernsehen läuft. Aber was heißt gut. Irgendwas halt. Die tausendste Wiederholung von Two and a Big Theory, Brennpunkt Mitten im Dschungel. IRGENDETWAS, Hauptsache keine Werbung. Wie oft habe ich minutenlang Kanäle durch gezappt, nur um dann auf demselben Kanal wie zu Beginn zu landen. Und das Essen war dann auch noch kalt. Ich weiß, ihr fragt jetzt, warum kein Netflix? Ganz einfach. Das dauert mir zu lang. Ehrlich. Außerdem müsste ich da die Fernbedienung wechseln.

Ich bin ein sehr fauler Mensch. Auch das ist Satan. Wer sonst? Ich bin nicht schuld!

Ich glaube auch, dass Satan dafür sorgt, dass ich immer dann vergessen habe Milch in den Kühlschrank zu stellen, wenn ich Müsli essen will. Und ich HASSE Müsli mit warmer Milch. Da ist mir der Geschmack von diesem gesunden Haferflockenzeug dann doch ein bisschen zu intensiv. Also schmeiß ich Eiswürfel rein. Apropos.

Das erste Lecken am Eis – Gehirnfrost – Satan.

Weihnachtsgeschenk über Amazon bestellt – kommt zu spät – Satan.

Du holst dir 'ne Butterbreze – nur der große untere Teil ist beschmiert – Satan.

DAS ist Satan.

Diese elendige Qual mit Kleinigkeiten, die schiefgehen und uns besonders aufregen. Das große Unglück ist auch nur ein Konglomerat aus Zu-oft-kein-Glück-Gehabt. Das Leben ist wie eine Losbude. Tausend Nieten und nur ein paar Gewinne. Und wer kauft schon sämtliche Lose?

Und im Leben hängen wir Deppen uns die Nieten auch noch auf, um uns daran zu erinnern. Lassen sie rahmen, führen sie uns immer wieder vor Augen und geißeln uns damit selbst. Das Glück aber genießen wir nur ganz kurz, wenn überhaupt, und schmeißen es dann weg. Aus den Augen aus dem Sinn. Auf zur nächsten Niete.

DAS IST SATAN.

Und ein Haar im Mund. ICH HASSE DAS!

Die Kastaniendame

Da ist diese ältere Dame. Sie geht eine Allee entlang. Umringt von Kastanienbäumen hält sie einen Stoffbeutel in der Hand und guckt akribisch auf den Boden. Ab und an bückt sie sich und begutachtet eine dieser braunen ... Früchte? Nüsse? Ja, was sind Kastanien denn eigentlich? Sie weiß es nicht, aber es ist ihr auch egal. Sie ist nur damit beschäftigt zu suchen. Sie sucht schon den ganzen langen Weg. Seit diesen vielen, vielen Schritten sucht sie nach der perfekten, runden Kastanie. Aber sie findet sie nicht. Da sind welche mit Wellen auf der Oberfläche oder ovale, ja sogar einige mit so etwas wie Kanten. Aber keine davon ist eine perfekte Kugel. Bei manchen weiß sie es erst gar nicht, weil sie noch in ihren stacheligen Schalen stecken. Das findet die alte Dame immer besonders schade, weil es wie eine verpasste Chance ist. Sie ärgert sich und versucht die Kastanie herauszuholen, gibt aber meist wegen der fürchterlichen Schmerzen auf. Das ist die Mühe nicht wert. Und doch, ganz lässt sie der Gedanke nie los, dass ausgerechnet in dieser Schale die perfekte Kastanie hätte sein können.

PERFEKT.

Ein Wort, das sie verfolgt. Das Wort verfolgt sie und

sie verfolgt das Wort.

PERFEKT.

Den ganzen Weg schon. Und sie bekommt Rückenschmerzen. Geht immer gebückter. Am Anfang ihrer Suche war sie noch vital, voller Eifer und unbeirrt. So viele Bäume, ein so schöner langer Weg, da muss die Perfektion doch zu finden sein. Kein Zweifel! Das war für sie vollkommen klar. Es gab keinen Plan B, keine andere Möglichkeit, kein „Könnte es aber nicht sein, dass" – nein! Ein langer Weg, tausend Bäume, Milliarden Kastanien, Milliarden Chancen. Doch ihr Beutel blieb leer.

Zuerst kamen Schmerzen im linken Knie. Dann der Rücken. Die Knochen. Alles.

Sie sucht und sucht, wühlt in Kastanienhaufen. Sie sieht nicht die Kinder auf der Wiese direkt neben ihr, wie sie sich mit ovalen und welligen Kastanien bewerfen. Sieht nicht den Spaß und die Freude, die sie dabei haben. Wie glücklich sie sind.

Irgendwo muss sie sein, die PERFEKTION. Der Weg ist nicht mehr so lang. Und die alte Dame weiß das. Sie weiß es nur zu gut. Spürt es. In jeder Faser ihres Körpers. Sie wird hektischer, beginnt zu zittern. Krabbelt inzwischen verzweifelt suchend am Boden herum. Suchen, immer weitersuchen.

Bestimmt sucht sie einfach noch nicht gut genug. Oder, noch viel schlimmer, was wenn sie die perfekte Kastanie übersehen hat? Ist sie schon daran vorbei? Hat sie die Perfektion in ihrem Leichtsinn etwa nicht wahrgenommen? War sie kurz abgelenkt gewesen? Sie weiß es nicht mehr. Sie wird wütend. Wütend auf sich selbst. Wie konnte das nur möglich sein? Sie hatte den ganzen Weg nur eine Aufgabe gehabt. SUCHEN! Nur diese eine Aufgabe!

Sie sackt in sich zusammen.

Der Schmerz darüber, dass sie die Perfektion verpasst hat, ist zu groß. Er nimmt ihr den Atem.

Sie bleibt liegen.

Der Beutel bleibt leer.

Und die Kinder spielen immer noch.

Das musikalische Genie
Für Simone

Da ist dieses musikalische Genie. Nur wenige Jahre alt und trotzdem schon vielen Künstlern überlegen, mindestens aber ebenbürtig. Die Erwachsenen, allen voran sein geldgieriger Vater, sehen in ihm einen jungen Gott. Also wird er dann da vor irgendwelche möglichen Sponsoren gestellt, um vorzuspielen. Und das tut er dann auch. Er SPIELT. Im wahrsten Sinne des Wortes. Denn während die Zuhörer versuchen herauszufinden, wie er so phantastisch musiziert, ist die Wahrheit, dass er einfach nur spielerisch improvisiert. Das Instrument ist sein Spielzeug. Er erschafft eine Phantasiewelt, die nur er betreten kann. In der nur er sich auskennt. Eine Note hier und schon wächst in seiner Welt ein Baum. Dort ein kleiner Akkord und schon fließt ein Bach darunter entlang. Dann noch ein paar Sträucher, hier eine kleine Parkbank und zu guter Letzt ein kleiner Vogel, der ihm im Vorbeifliegen zuzwinkert.
Applaus. Niemand hat das gesehen, was er gesehen hat. Sie alle können es nur erahnen. Und trotzdem sind sie von ihm hellauf begeistert. Sie alle. Ausnahmslos.
Einige Jahre später ist aus dem jungen Gott ein

erwachsener Gott geworden, der es wie kein Zweiter versteht zu musizieren. Doch für ihn ist es immer noch nur ein SPIEL, nichts weiter. Aber wie jeder Mensch braucht auch er Geld und muss deshalb am laufenden Band irgendetwas produzieren, um sich über Wasser zu halten. Und jedes Kind weiß, dass Spiele sehr schnell langweilig werden können, wenn stetig neue Regeln hinzukommen. Er MUSS gefallen, MUSS einen Zeitplan einhalten, MUSS auf Bedürfnisse eingehen. Und da er aber Geld braucht, MUSS er das wohl oder übel akzeptieren. Und schon ist aus dem Spiel bittere Realität geworden. Er hechelt dem Leben hinterher, produziert Schrott, hasst sich dafür selbst und versteht die Welt nicht mehr. Wo ist das SPIEL? Warum darf er nicht mehr improvisieren, nicht mehr SPIELEN?

Doch dann kommt eine Frau in sein Leben. Sie hält ihn, sie stützt ihn. Sie ERTRÄGT ihn. Er wird geliebt von einer phantastischen Frau. Doch warum nicht vom Rest? Seine großen Projekte kommen zwar beim Publikum gut an, sie feiern ihn und es freut ihn auch, doch kaum wird auch nur eine Kleinigkeit von jemandem kritisiert, schon wird er von Selbstzweifeln zerfressen. Tausende applaudieren, einer kritisiert und er hasst sich selbst. Hat das Spiel nicht früher mal Spaß gemacht?

Seine Frau fängt ihn auf. Er verkriecht sich daheim und versucht irgendetwas zu erschaffen, das den Leuten genügt. Etwas zu hinterlassen, das dafür sorgt, dass die Welt ihn nie wieder vergessen wird. Seine Frau bekommt ein Kind.

Er will bleiben, für immer. Sein Name in aller Munde. Doch positiv. Niemals negativ. Er will Geschichte schreiben. Dass er es zu diesem Zeitpunkt schon längst getan hat, ist ihm gar nicht klar. Allen anderen durchaus. All den Neidern und Kritikern. Ihnen allen ist klar, welch imposantes Genie dort für sie komponiert. Nur er sieht es nicht. Er denkt nur an den Spaß zurück, den er nicht mehr hat und auch nicht mehr wiederfindet. Egal wie sehr er es auch versucht. Er will endlich wieder Spaß haben und Applaus empfangen. Er will wieder SPIELEN. Doch die Kritiker werden immer lauter, seine Verzweiflung immer stärker, die Kinder immer mehr und das Geld immer weniger.

Nichts treibt diesen Künstler mehr an, als die elende Selbstgeißelung gefallen zu wollen. Der feste Glaube daran, dass tatsächlich so etwas wie der Hauch einer Möglichkeit besteht, einer der wenigen Auserwählten zu sein, die auf ewig bekannt bleiben werden. Für die Ewigkeit gibt er gerne sein Leben hin. Während Frau und Kinder ihren Geliebten kaum mehr wiedererkennen, verliert er sich selbst.

Versucht, sein wahres ICH irgendwie zu Papier zu bringen, es zu vertonen. Er will ewig nachklingen in der unendlichen Geschichte der Menschheit. Doch Note für Note, Tinte um Tinte, löst er sich auf, verschwindet. Vielleicht wird er bleiben. Doch das Leben, den Moment, den hat er nie wieder so genossen wie damals bei seinem kindlichen SPIEL.

Und jetzt, jetzt kennt ihn jedes Kind. Mozart. Das musikalische Genie. Trotzdem steckt eine traurige Wahrheit hinter seiner Berühmtheit. Denn so sehr er sich auch abgemüht hat, die meisten Menschen können inzwischen nicht mal mehr drei Werke von ihm aufzählen. Andererseits aber haben die meisten mit Sicherheit schon einmal eine Mozartkugel gegessen. Dumm nur, dass er die nicht erfunden hat. Armer Kerl. Inzwischen könnte man sich fast fragen, wer berühmter ist. Kennen die Leute die Kugeln wegen des Künstlers, oder den Künstler wegen der Kugeln. Wer geht hier eigentlich wirklich in die Geschichte ein? Mozart, oder die Kugel?

Wer weiß das schon. Fakt ist, während all die vielen Menschen eine solche Mozartkugel essen, machen sie genau das, was dieses Genie als Erwachsener wahrscheinlich nie wieder geschafft hat.

Sie genießen den Moment.

So etwas wie Glaube

Die Frage nach dem woran und warum wir Glauben, wurde oft gestellt.

Klar, wer braucht nicht ein bisschen Lichtblick in dieser Welt.

Und auch ich sitze jetzt hier in einem Hotel mit fahlem Licht – halbnackt, aber zugedeckt – und überlege, ob da wer oder was ist, das sich tatsächlich aus irgendeinem Grund vor meinem Anblick versteckt?

Wenn ja, warum? Was ist es, das es sich von mir verspricht?

Schämt es sich etwa für seine Erfindung? Also bitte, so hässlich bin ich nun auch wieder nicht.

Ach was, es sind die inneren Werte, die zählen. Auch vor unserem Herrn und Schöpfer. Das, was wir tun und lassen, was wir lieben, was wir hassen. Was macht einen Menschen zu einem Menschen, uns zu uns? Vor ihm sind wir ohnehin alle gleich. Mag sein. Und doch, ist sich irgendjemand sicher, wer oder was da ist? Nein.

Vielleicht sind wir auch einfach nur allein, allein auf uns gestellt, in dieser gottverlassenen Welt.

Und auch ich bin ein Teil des Ganzen hier, ob ich nun will oder nicht.

Versteht mich nicht falsch, das Leben macht Spaß und ich habe große Freude daran.

Doch letztlich bin ich wie alle. Ich will was verändern, aber in Wirklichkeit höre ich mich nur labern und labern und labern.

Klar, mal kurz die Welt retten, 148 Mails checken.

Ich liege hier, im Trash-TV rumzappend und mich mit fettigen Chips vollfressend.

Gott sieht alles. Also abgesehen von den ganzen Verbrechen.

Ja, ich weiß, so oft wurde es gesagt und ich kann es ja auch nicht mehr hören.

Und doch, wie zum Teufel kann ein so mächtiges Wesen nur so viel zerstören?

Es sei denn, es ist tatsächlich eben Genannter: Satan, der Fürst der Finsternis, Beelzebub.

Oder wie ich ihn nenne, der orangefarbene Präsident, der Collegefootballmeister ernsthaft zu McDonald's einlud.

Aber daran kann ich nicht glauben, will ich auch nicht. Und doch passiert es.

Wie all der andere Scheiß, der uns um die Ohren fliegt wie Kakophonien,

Bankenrettung, Lobbyismus, Paragraphenverdreher, sie alle treiben uns in den Ruin.

Natürlich sind das First-world-Problems und wir jammern auf höchstem Niveau, denn während ich meine Menschenwürde einfordere, verreckt jemand anders irgendwo – einfach so.

Natürlich stößt das auf wie der Alkohol von gestern, wenn da dieses tote Kind am Strand liegt.

Aber trotzdem fliegen wir in den Urlaub und sind froh, dass dieses Kind eben an diesem Strand liegt und nicht an unserem. Hier und jetzt.

Ja, das wäre unpassend, wenn sich das so direkt vor unseren Augen zwischen den von Plastik durchwühlten Wellen zersetzt.

Und warum auch nicht? Wir alle haben uns unseren Urlaub redlich verdient. Da bin ich sicher.

Bin ich nicht. Ich habe ehrlich gesagt keine Ahnung mehr von irgendwas. Sonst wäre ich auch nicht hier.

Wer Ahnung hat und etwas zu wissen glaubt, der hat vielleicht eine Religion.

Ich aber weiß, dass ich nichts weiß, und frage mich, Glaube, was genau ist das schon.

Ich brauche keine Kirche, keinen Tempel, keine Moschee, nichts.

Nicht einmal einen Gott, keine Engel, keinen Jesus, kein nach dem Ende des Lichts.

Der Tod ist für mich so wichtig wie das Leben. Und Leben heißt für mich den Tod zu tanzen bis zu guter letzt.

Und doch ist da etwas. Etwas, das mich erst Tanzen und den Tod fühlen lässt.

Ich habe keine Antwort, nur eine Vermutung. Eine Erklärung, für mich. Es ist Liebe. Das muss es sein.
Nicht die zwischen Mann und Frau, oder Mann und Mann, oder Frau und Frau.
Ja, auch daran glaube ich!
Und allein deshalb sind so viele Religionen leider auch einfach nichts für mich.
Ich meine auch keine familiäre Liebe, nein,
viel mehr dieses ineinander Verwobensein.
Wir sind ein Individuum als Puzzleteil.
Ein kleiner bunter Fleck im großen Farbkunstwerk.
Und der Maler, das sind wir.
Daran glaube ich. Aus dem einfachsten und wichtigsten Grund: Der Gedanke gefällt mir.
Er macht mich glücklich und frei: Lässt mich atmen und leben.
Ich glaube an das Gute wie an das Schlechte im Menschen, an „Geben ist genauso selig wie Nehmen".
Denn niemand soll jemandem etwas schuldig sein.
Ich glaube an „Gleichheit für alle" und „jeder ist unser aller Glückes Schmied".
An „eine Kette ist nur so stark, wie sein schwächstes Glied".
Zum Schluss würde ich gerne noch etwas sagen, denn auch daran glaube ich:
Dass wir alle mit einfachen Worten etwas bewegen

können und sei es auch noch so wenig.

Darum lautet der letzte Satz von diesem kleinen Stück:

Glaubt an die Liebe und das Leben und sie glauben zurück.

Die Realität

Da ist diese Realität. Sie fühlt sich nicht wahrgenommen. Verdrängt und vertrieben. Sie verliert den Glauben an sich selbst. Wenn sie in den Spiegel guckt, ist sie nicht sicher, was sie sieht. Sie weiß nicht mehr, was sie ist, oder ob sie ist. Vor allem aber, WARUM sie ist. Jeder will ihr entkommen oder sie zurechtbiegen. Sie sich zu Eigen machen. Umschreiben. Auf den Leib schneidern. Dem Leben anpassen. Aber was genau ist sie denn nun?

Ist Blau, blau? Ist ein Stuhl, ein Stuhl? Kann sie diese absolute Sicherheit noch bieten? Sie weiß es nicht. Dann sind da diese vielen Handys und Hashtags und hast du nicht gesehen. Fake News, Fake News. Bin ich real? Überall wird die Realität hinterfragt. Ist sie nicht omnipräsent? Ist sie nicht allumgreifend? Ist sie nicht unendlich? Zumindest war sie es einmal. Da wird philosophiert und gelesen und geschrieben, alles sei anders als geglaubt. Damals war damals und heute ist heute. Und nichts ist mehr so, wie es einmal war, und wird auch nie wieder so sein. „Bin ich das?", fragt sie sich, die Realität. „Bin ich nicht alles? Bin ich Gedanken oder Gespräche? Oder bin ich nur das, was man sieht? Bin ich mehr oder weniger? Werde ich benannt? Habe ich einen

Namen? Ist Realität vielleicht nur ein Spitzname und wenn ja, von wem habe ich ihn bekommen und wie heiße ich wirklich? Was ist WIRKLICH? Wenn ich WIRKLICH bin, ist dann alles WIRKLICH?"

Und während sie sich das fragt, stirbt und gebärt sie. Kinder. Tote. Unfall. Sex. Da ist doch kein Unterschied mehr zwischen Ende und Anfang. Alles schon gesehen, alles schon gehabt. Ein ewiges Wiederkommen, eine ewige Vermehrung, eine ewige Überbevölkerung. Ende nicht in Sicht. Ist sie Zerstörung ebenso wie Liebe? Sie fragt und quält sich, während in ihr die Zeit unweigerlich dahin treibt. Oder treibt die Zeit die Realität?

Halt, Stopp!

Das wird ihr jetzt langsam zu viel. Sie kann nicht mehr. Sie versteht das einfach alles nicht mehr. Da sind so viele Fragen. Und wenn sie wirklich die Realität wäre, wenn sie wirklich ALLES wäre, dann wäre sie doch auch die Antworten. Frage und Antwort in einem. Aber eine Frage kann nur eine Frage sein, wenn es noch keine Antwort gibt. Und eine Antwort nur eine Antwort, wenn eine Frage gestellt wurde. Oder?

Anfang und Ende. Beides gleichzeitig. Verschmolzen. Ist das möglich? Ist das real? Ist das Tatsache? Nichts ist einfach, gar nichts. Essen ist nicht gleich Essen. Hunger ist nicht gleich Hunger. Die Realität kennt alles dazwischen. Spürt das Völlegefühl und die Not aufessen zu müssen, die Lust am Essen und den Hungertod. Sie ist ALLES. Sie ist Humor, ist aber nicht witzig. Lacht und lacht nicht. Ist sie das, was Gott genannt wird? Oder ist da noch etwas über ihr? Und wen fragt sie das eigentlich alles? Sich selbst? Und hat sie sich das schon einmal gefragt und im nächsten Moment beantwortet? Wiederholt sie sich? Da sind so viele Fragen. Und wenn sie wirklich die Realität wäre, wenn sie wirklich ALLES wäre, dann wäre sie doch auch die Antworten.

War sie hier schon? Ist sie dazu verdammt immer zu zweifeln? Immer zu hinterfragen und hinterfragt zu werden? War das nicht mal anders? Sie verliert den Glauben an sich. Verliert ... Das heißt, sie hatte ihn mal. Selbstbewusstsein. Ein starkes Auftreten. Eine Gewissheit. Sie hatte das alles Mal. Oder? Seit wann ist das denn nur so? Schon immer? Hält dieses Leid etwa tatsächlich schon so lange an, dass sie nicht mehr weiß, wann es begonnen hat? Hat es überhaupt begonnen? Alles hat einen Anfang. Anfang und Ende auf ewig das Gleiche. Und Ende ist Anfang. Aber wenn der Anfang das Leid bringt, ist dann das Ende Freude? Und wenn Ende und Anfang das Gleiche sind, kann Leid dann nicht einfach Freude sein?

Die Sonnenblume
Für Sandra

Da ist diese Sonnenblume. Sie steht auf einer großen Wiese. Um sie herum sind hunderte von Gänseblümchen. Es ist ein herrlicher, sonniger Tag. Die Sonnenblume öffnet sich ganz weit und grinst ihrer Namensgeberin entgegen. „Heute ist ein guter Tag.", denkt sie. „Ich danke dem Blumiversum für diesen schönen Tag." Sie lächelt. Sie lächelt eigentlich immer. Niemand kennt die Sonnenblume wütend oder traurig. Der Wind schaukelt sie leicht hin und her. Sie wippt zufrieden von links nach rechts und genießt mit geschlossenen Augen die Wärme auf ihren Blüten. Sie liebt das Leben und ist dankbar dafür.

„Heute ist Samstag!", hört sie plötzlich ein Gänseblümchen schreien.

„Samstag?!", ruft ein anderes.

„Ja Samstag!"

„Oh nein, Samstag!" „Samstag!" „Samstag!" „AHHHH, SAMSTAG!" Könnten Gänseblümchen laufen, sie wären in diesem Moment sicher mit wedelnden Armen panisch im Kreis gerannt.

„Beruhigt euch.", ruft die Sonnenblume ihnen zu. Doch es ist zu spät. Das Lauffeuer der Panik hat bereits begonnen und alle Gänseblümchen schreien

114

im Chor: „SAMSTAG IST RASENMÄHTAG."

Die Sonnenblume unternimmt einen letzten Versuch und sagt: „Wer weiß, vielleicht ja heute nicht."

Stille.

„Heute nicht? Warum ausgerechnet heute nicht?", fragt eines der Gänseblümchen.

„Das weiß ich nicht.", antwortet die Sonnenblume.

„Aber es wäre möglich. Und wenn ihr daran glaubt, wird das Blumiversum diese positiven Gedanken auffangen und mit Sicherheit dafür sorgen, dass der Rasenmäher ausbleibt."

Erneut tritt eine Stille ein. Die Gänseblümchen sehen die Sonnenblume entgeistert an. Sie wissen nicht, ob sie lachen oder fluchen sollen. Schließlich entscheidet sich eines von ihnen für Letzteres und brüllt die Sonnenblume wutentbrannt an: „Du hast ja leicht reden! Du wurdest ja auch noch nie umgemäht!"

„Ja genau!" „Recht hat er." „Halt doch die Schnauze.", keifen die Gänseblümchen nun wild durcheinander.

„Aber, aber, meine Lieben. Eben weil ich mir sage, dass ich nicht umgemäht werde, werde ich nicht umgemäht. Versteht ihr das denn nicht?", erwidert die Sonnenblume gelassen, doch die Gänseblümchen werden nur noch wütender und brüllen nun so heftig durcheinander, dass man kein

Wort mehr verstehen kann. Sie verstummen erst, als das dröhnende Geräusch des Rasenmähers ertönt.

Die Gänseblümchen werden panisch und beginnen zu zittern. Sie flehen um Hilfe und die Sonnenblume versucht erneut, ihnen klarzumachen, dass sie ihre negativen Gedanken loswerden müssen. Sie müssen positiv denken. Sie müssen sich sagen, heute bleibe ich am Leben. Nicht, heute werde ich umgemäht. Und tatsächlich, immer mehr Gänseblümchen folgen ihrem Vorbild. Sei es aus der Not heraus oder weil sie sich wirklich überzeugen lassen. Schließlich aber lassen sich sogar die letzten von der positiven Euphorie der anderen anstecken. Und das, obwohl sich im Hintergrund schon die ganze Zeit der Rasenmäher unter drohendem Getöse Stück für Stück genähert hat.

Die Blumen wiegen im Wind, lächeln und versuchen positiv zu bleiben. Dann versuchen sie es nicht nur, sondern sind es. Sie sagen ja zum Leben und glauben fest daran, dass alles gut wird. Die Sonnenblume öffnet die Augen und sieht, wie sich der Himmel bedeckt hat. Zuerst fallen nur kleine Tropfen herab. Doch binnen weniger Sekunden beginnt es in Strömen zu regnen. Und nur kurze Zeit später hören die Blumen, wie der Rasenmäher abgestellt wird. Die Sonnenblume lächelt. Und die Gänseblümchen lächeln jetzt auch.

Wie der T-Rex Fleischfresser wurde
Für Jessica

Erst vor Kurzem gab es bei einer Ausgrabung einen erstaunlichen Fund. Dieser Fund ist nicht nur der Beweis dafür, dass der Tyrannosaurus Rex ursprünglich einer der liebenswürdigsten Pflanzenfresser überhaupt war, nein, es ist auch das älteste bekannte Tagebuch der Welt. Der Entdecker hat ihm folgenden Titel gegeben: „Die Leiden des jungen T-Rex."

<u>Steintag</u>

Liebes Tagebuch,
ich bin's mal wieder, dein Sören. Heute ist so ein typischer Steintag. Kaum beginnt die Woche, schon ist wieder alles doof. Angefangen hat das Ganze, als ich aufgewacht bin. Du weißt ja, wie schwer ich mich tue, aus dem Liegen hochzukommen. Da robbe ich mich dann immer erst mal auf den Bauch, schiebe mich mit Hilfe meiner Schnauze nach hinten, um mich dann mit meinen Beinen hochzustemmen. Dabei braucht man dann aber natürlich mehrere Anläufe. Ganze dreimal bin ich wieder umgefallen und musste das Ganze wieder von vorne versuchen. Das Schlimmste daran waren

aber die anderen Dinosaurier, die mich dabei auslachten. „Stummelarm, Stummelarm!", haben sie immer geschrien. Du kennst das ja. Beim vierten Versuch aufzustehen, hat mich sogar einer von diesen Langhälsen wieder umgeworfen. Und das nur, um sich dann gleichfalls fallen zu lassen und so zu tun, als käme er auch nicht mehr hoch. Das Übliche eben. ABER ich habe nicht geweint. Okay doch. Aber nur ein ganz kleines bisschen.

Als ich dann endlich stand, bin ich sofort in den Wald davongerannt. Doch die kleinen Dinosaurier in der Gruppe waren natürlich schneller und flinker als ich. Und die sind am schlimmsten. Sie springen auf meinen Rücken, laufen mir zwischen den Beinen durch, so dass ich fast wieder umfalle, oder grölen Sachen wie: „If you're happy and you know it clap your Hands! Oooooohh..." Und dann lachen sie sich halb tot. Irgendwann war es ihnen dann aber wohl doch zu langweilig. Und jetzt sitze ich hier und habe Angst vor dem Schlafengehen, weil ich weiß, dass ich mich dann wieder hinlegen muss. Drück mir die Daumen, dass es morgen anders wird.

Schlaf gut,
Dein Sören

Holztag

Liebes Tagebuch,
gute Neuigkeiten. Ich habe eine Lösung gefunden, was das Schlafen anbelangt. Ich habe einfach im Stehen geschlafen. Ich habe mit meinem Schwanz so lange auf die Erde eingedroschen, bis eine kleine Mulde entstand. Da konnte ich ihn dann reinstecken und als eine Art Stütze verwenden. Genial, oder? Mir tut jetzt zwar total dolle der Schwanz weh, aber ich denke, der gewöhnt sich da schon noch dran. Außerdem hat mich jetzt wenigstens niemand auslachen können.
Zumindest solange bis Mobbersaurus kam. Du weißt ja, wie fies er zu mir ist. Ich mag ihn überhaupt nicht. Ich muss dir was gestehen. Ich hätte fast geschrieben, dass ich ihn hasse, aber ich weiß, das darf man nicht. Jedenfalls kam er dann und hat mich gleich mit seinem Lieblingsspitznamen angesprochen: „Armus Kurzus." Dann lachen immer alle. Er hat gesagt, er wolle mal nicht so sein, und mich gefragt, ob wir zusammen ein paar Beeren essen wollen. Ich fand das zwar seltsam, hab´ mich aber nicht getraut nein zu sagen. Als wir dann an den Büschen angekommen waren, die er auserkoren hatte, hat er mir den Vortritt gelassen. Ich hab' – du kennst mich – gleich reingehauen und

119

alles runter geschlungen, was mir zwischen die Kiefer kam. Als ich aber bemerkte, dass Mobbersaurus gar nicht mitaß, hörte ich schlagartig auf. Im selben Moment fing mein Maul furchtbar an zu jucken und wieder lachte er mich aus. „Kratz dich doch", rief er. „Kratz dich doch, Armus Kurzus." Er präsentierte seine wunderbaren langen Arme, griff sich die Beeren heraus und sagte. „Die Beeren sind zwar extrem köstlich, die Blätter hingegen hochgiftig. Ich dachte, du wüsstest das. Ich hätte schwören können, du isst mit den Händen." Er lachte höhnisch und holte mit seinen zarten Fingern wieder vorsichtig eine Beere aus dem Busch, um sie sich dann genüsslich in den Mund zu schieben.

Entschuldige, ich kann nicht weiterschreiben. Ich muss schon wieder so furchtbar weinen. Morgen mehr.

In der Hoffnung auf bessere Zeiten,

Dein Sören

Grastag

Liebes Tagebuch,

heute war der schönste Tag meines Lebens. Du weißt ja, wie sehr ich auf Linda stehe. Sie ist der schönste Stegosaurier, den es gibt. Überhaupt der schönste Dinosaurier. Und heute hat sie mich

angesprochen. Endlich! Sie hat mich gefragt, ob wir uns zusammen den Sonnenuntergang anschauen wollen. Das ist jetzt gleich. Ich bin ganz aufgeregt und kann kaum stillstehen. Ob wir uns küssen werden? Nein, das ist bestimmt zu viel, oder? Soll ich ihr Blumen mitbringen? Ich weiß, dass sie total gerne Rosen frisst. Die roten mag sie am liebsten. Ich mag ja am liebsten die weißen, aber bei Rosen hat wohl jeder so seine Lieblingsfarbe. Manche sagen zwar, die schmecken eh alle gleich süß, aber das finde ich nicht. Ach, du siehst, ich schreibe totalen Schwachsinn, so aufgeregt bin ich. Was soll ich nur machen? Muss ich überhaupt etwas machen? Was soll ich sagen? Oh Gott, da fällt mir ein, ich sollte noch unter dem Wasserfall duschen gehen. Das mache ich jetzt gleich. Und dann geh ich los, auch wenn ich viel zu früh da sein werde.
Drück mir die Daumen!
Dein Sören

Immer noch Grastag, vielleicht auch schon Baumtag. Sehr dunkel jedenfalls.

Hallo Tagebuch,
lief nicht so gut. Linda kam zu mir. Sie wollte, dass ich meinen Arm um sie lege ... Dann kam Mobbersaurus, hat sie geküsst und laut gelacht:

„Glaubst du wirklich, jemand so Heißes würde auf jemanden mit so kurzen Armen stehen? Schau dir meine Arme an. Lang, prall, groß. So muss das aussehen." Beide lachten. Auch andere Dinosaurier waren gekommen. Wie eine Horde standen sie um mich und lachten. Ich wollte davonrennen, doch sie haben mich nicht gelassen. Ich habe fürchterlich geweint. Und dann, na ja, was soll ich sagen, dann habe ich nicht mehr geweint. Dann habe ich Mobbersaurus die Arme abgebissen. Blut spritzte aus seinem Körper und es schmeckte phantastisch. „Sieh hin.", sagte ich zu Linda, während ich mit einem Happs seinen Kopf auffraß. Linda blieb wie angewurzelt stehen. „Und jetzt gib mir einen Kuss.", sagte ich und riss ihr das Gesicht von den Knochen. Die anderen Dinosaurier flüchteten natürlich, doch hey, morgen ist auch noch ein Tag. Ich geh´ jetzt erst mal schlafen. Und zwar im Liegen.
Gute Nacht,
Dein Sören

Wiedergeburt

Wiedergeburt muss ja was Tolles sein. Ich frag mich dann oft, was ich wohl werden würde. Beziehungsweise was ich vorher war. Weil – ganz ehrlich – ich muss mein Leben davor echt ziemlich verkackt haben, wenn ich jetzt hier gelandet bin. Was bitte habe ich angestellt? Bin ich als Fuchs einem Blutrausch verfallen und habe die gesamte Familie Gans zerfetzt und dabei die Familie Huber obendrein noch um ihr Weihnachtsessen gebracht? Oder was war da los? Schwer vorzustellen, dass unser Leben nur eine Strafe ist. Vielleicht hab´ ich da aber auch etwas falsch verstanden. Jedenfalls würde ich mich freuen, wenn es nach meinem Tod weitergeht. Schön wäre natürlich, wenn ich mein „Ich" behalten dürfte. Wie wenn man ein neues Handy hat, da kann man den Inhalt doch dann auch so rüberkopieren. So stell ich mir das vor. Zack, neues Leben nur mit mehr Erfahrung. Klar kann ich als Spatz, Kuh oder Hund nicht mehr ganz so viel zur Entwicklung der Menschheit beitragen, muss ich ja dann aber auch nicht mehr. Ich bin da nur noch stiller Beobachter und halte mich raus. Ich guck dann da meinen Kindern zu, wie sie diesen Klumpen Dreck weiter bewirtschaften, ausbeuten und vernichten. Aber sehen wir mal nicht so schwarz.

Die Wissenschaft schläft nicht. Irgendwie geht's immer weiter. Also bis es halt nicht mehr weiter geht. Aber wie gesagt, da bin ich ja dann ein Spatz. Und so 'n Wurm wird sich schon noch finden lassen. Wobei, ich bin Langschläfer. Na vielleicht doch lieber eine Kuh. Dann werde ich gefüttert und hab generell eh immer Gras vor der Fresse. Ich brauch einfach nur zuzubeißen. Machen Kühe eigentlich noch was anderes außer fressen, schlafen und kacken? Also ich red' jetzt von den richtigen Kühen. Nicht diesen Melkmaschinen, die vorne zwangsernährt und hinten dauergemelkt werden. Auch nicht von diesen kleinen süßen Kälbern, die sich nicht umdrehen dürfen, weil das die Muskeln fasrig macht und sie dann leider Gottes nicht mehr so gut schmecken. Aber darüber denk ich dann eh erst nach, wenn ich eine Kuh bin, weil jetzt ess' ich ja noch Fleisch. Jetzt brauch' ich das ja noch. Nee, ich mach dann da Kaffeeklatsch mit Kuhkolleginnen und beschwere mich über die Kinder, die immer früher ausziehen, um geschlachtet zu werden.

Blöd ist dann natürlich aber, dass ich nicht mehr ganz so viel mitbekomme. Als Vogel kann ich fliegen, als Kuh kann ich ... ja, was eigentlich? So eine Kuh kann ja nichts, außer das Ozonloch vergrößern.

Also doch lieber ein Hund. Der Hund von meinen Kindern, oder sogar Enkelkindern. Da schwänzel ich dann drum herum und guck zu, was die so treiben in ihrem Leben. Liege mit geschlossenen Augen neben ihnen, tu so, als würde ich schlafen, hör´ aber in Wahrheit bei allem zu. Krieg alles mit. Das Gute, das Schlechte, das Peinliche. Nur einmischen kann ich mich dann halt leider nicht. Ich würde sicher gerne einen Rat geben, weil ich hab´ ja schon ein ganzes Leben hinter mir. Ich würde sicher gerne helfen wollen. Aber alles, was rauskommt, ist dann so ein Gekläffe, das sie vielleicht total nervt. Und dann werd´ ich als Hund bestimmt ins Tierheim gebracht, weil die denken ich spinn´, obwohl ich doch nur helfen will. Schwierig. Hmm ... bellen diese kleinen Tölen vielleicht gar nicht ohne Grund?

Na ja, jedenfalls ist das dann auch nicht so geil.

Aber mal andersrum.

Vielleicht ist dieses Leben ja gar keine Bestrafung, sondern die Belohnung. Wir sind wiedergeborene Vögel, die zuerst nur zugucken durften, wiedergeborene Kühe, die nur als Nahrungslieferanten dienten, oder wiedergeborene Hunde, die zwar der beste Freund des Menschen, aber eben immer noch kein Mensch waren. Und jetzt endlich, nach all diesen Strapazen, sind wir Mensch. Endlich dürfen wir leben und genießen und leiden und sprechen. Dürfen wir Texte schreiben und Texte lesen und Texte kritisieren und einfach aufhören.

Und wieder anfangen. Lachen, tanzen, springen. Mein Gott können wir viel. An Gott glauben oder nicht. Fragen, warum wir Atheist sind, aber immer noch „Herrgott", „Gott sei Dank" oder „Grüß Gott" sagen. Überhaupt FRAGEN. Hinterfragen. Endlich können wir uns eingestehen, dass wir eben nicht alles wissen. Und darüber lachen und uns freuen und neugierig bleiben. Endlich nicht einfach nur stupide über Landschaften hinweg flattern, infantil irgendwelchen Stöcken hinterherlaufen oder gedankenleer Gras fressen. Endlich können wir es auch rauchen.

Es ist so unendlich schön. Das Leben. Nicht immer, „weiß Gott" nicht. Manchmal ist es auch scheiße, so richtig. Aber nur deswegen ist es ja auch schön. Mag bescheuert klingen, aber wo kein Tal, da kein Berg. Und so lange ich nicht weiß, ob es so etwas wie Wiedergeburt gibt, versuche ich doch lieber dieses eine Leben in seinen Höhen wie Tiefen zu genießen. So schwer es auch manchmal ist.

Die Spielfigur

Da ist diese Spielfigur in einem Computerspiel. Zuerst ist sie nichts. Steht da und wird begutachtet. Ihre Haare ändern sich. Rot? Grau? Schwarz? Blau. Also Blau.

Hochgesteckt? Lang? Locken? Wellig? Glatze? Afro? Dreadlocks? Sidecut.

Also Sidecut.

Sie bekommt das Augenpaar Nummer 12, Mund Nummer 3, Ohren Nummer 34. Dann ihr Körper. Schlank. Was sonst. Groß? Nein, nicht wirklich. So mittel. Entscheidende Größe scheint ihre Oberweite zu sein. Sämtliche Modelle und Größen werden genauestens durchgeklickt. Es wird Nummer 6. Die größten, die es gibt. Was ein Zufall.

Als Nächstes bekommt sie Kleidung. Beziehungsweise fast keine Kleidung. Aber ein überdimensionales, leuchtendes Schwert. Eine Stimme wird gewählt. Es wird auf den Zufallsgenerator geklickt. Dann ein Name.

Crazy Baby.

LET´S PLAY!

Crazy Baby steht plötzlich in einer Höhle. Vor ihr steht ein Zauberer, der ihr den Weg nach draußen zeigen will. Sie wird ihm hinterher gesteuert. Plötzlich tauchen drei Skelette mit leuchtenden

Augen auf. Ihr Schwert wird geschwungen.

Die nächsten Stunden, Tage, Wochen, Jahre wird ihr Schwert ständig geschwungen. Sie wird gesprungen, auf einem Bären geritten und ungewöhnlich lange in Unterwäsche inspiziert. Oft wird sie auch getötet. Ihre Zufallsstimme ächzt auf und kurze Zeit später ist sie schon wieder lebendig. Sie wird irgendwelche Wege entlang geschickt, von denen sie keine Ahnung hat, wo sie enden. Sie versteht ohnehin nicht, was genau sie eigentlich macht. Sie wird in Höhlen gesteuert, in Städte, auf Bäume, in Gasthäuser, in Schulen, in Arenen. Sie hat keine Ahnung, was passiert. Sie wird in Kämpfe geschickt, die sie nicht gewinnt, nicht gewinnen kann. Aber irgendwas steuert sie immer wieder dorthin. Und plötzlich stirbt sie nicht mehr, sondern gewinnt. Doch dann geht es auch schon wieder weiter. Irgendwo gibt es anscheinend immer einen noch schwierigeren Kampf. Und schon stirbt sie wieder.

Oft wird sie auf der Stelle gesprungen. Ihre Zufallsstimme stöhnt dann immer. Sie wird immer schneller gesprungen. Stöhn, stöhn, stöhn. Dann wird sie kurz stehen gelassen und schon geht es wieder weiter.

Weiter irgendwelche Dinge erledigen. Weiter auf Berge, in Seen, in Schlösser, zu Elfen, Drachen und Trollen. Manche sind nett, manche sind böse. Sie wird gesprochen. Oft will sie eigentlich etwas anderes sagen, als sie schließlich muss. Sie MUSS. Sie muss kämpfen, Rätsel lösen, sterben.

Immer und immer wieder.

Sprung, Sprung, stöhn, stöhn, kämpf, kämpf, Tod.

Sie stirbt tausend Tode. Crazy Baby wurde wohl gemacht, um zu sterben. Und zu kämpfen. Immer wieder erwachen, um weiter zu machen. Immer wieder, immer wieder. Es treibt sie vorwärts. Nichts gehört ihr. Nicht wirklich. Da sind ihre Arme, ihre Beine. Doch sie gehorchen nicht ihrem Willen. Nichts passiert so, wie sie will. Sie weiß gar nicht, ob sie überhaupt etwas will. Will sie etwas? Kann sie etwas wollen? Was ist ein Wille? Sie stirbt. Und wird wieder in den Kampf geschickt.

Ständig kämpfen, ständig irgendetwas erledigen.

Alles in diesem Spiel scheint diesem Prinzip zu gehorchen. Alles unterliegt dem Gesetz weitermachen zu müssen. Einen unbekannten Zweck zu erfüllen. Aber was für einen Zweck? Alles geht irgendwelchen unergründlichen Dingen nach. Kämpft, springt, stirbt.

Nur die Vögel nicht. Sie stehen einfach nur herum, gucken umher und sehen schön aus. Das ist alles. Weder kümmern sie sich um Crazy Baby noch sonst etwas. Und wenn ein Vogel davonfliegt, einfach so, scheinbar ohne Aufforderung, ohne einen Zweck erfüllen zu MÜSSEN, einfach nur weil er es WILL, dann ist er frei. Dann wird er kleiner und kleiner und ist weg.

Crazy Baby sieht das. Sieht dem Vogel solange nach, bis er mit dem friedlichen Blau des unendlichen Himmels verschmolzen ist. Während ihr Körper, der nicht ihr gehört, auf einen grunzenden Oger einschlägt, der sich auch nicht gehört. Nichts hier in diesem Spiel, gehört sich selbst.

Außer die Vögel.

Der Reichsbürger

21.3.2018

Ich bin da auf was ganz Großes gestoßen. Ich hab' das recherchiert. Im Internet. In Wirklichkeit bin ich gar kein Mensch. Es gibt schließlich keinen Vertrag, dem ich zugestimmt habe, dass die Definition Mensch auf mich zutrifft. Auch wenn dem natürlich so ist, aber das tut ja nichts zur Sache. Es geht ums Prinzip. ICH HABE NICHTS UNTERSCHRIEBEN. Es gibt kein Dokument. NICHTS! Das heißt, sämtliche Gesetze, alles bisher Festgelegte, gilt für mich nicht. Auch die Vergangenheit nicht. Zum Beispiel gibt es keinen Grund für mich Steuern zu zahlen. Denn Steuern sind für Menschen gemacht und ich bin kein Mensch. Und wenn der Postbote mir morgen einen „Guten Tag" wünscht, dann werde ich mit Vergnügen antworten: „Leck mich am Arsch!". Und zwar einfach nur, weil ich es kann. Weil ich kein Mensch bin. Weil ich FREI bin. Vielleicht bin ich ja sogar weit mehr als nur ein Mensch. Man beweise mir das Gegenteil. Man beweise mir, dass ich nicht Gott bin! Im Zweifel für den Angeklagten, so heißt es doch. Ich kann alles machen, werde alles machen, was euch verwehrt bleibt. Euch Menschen. Ich kann stehlen, morden, fremdgehen (wenn ich eine

Partnerin hätte, versteht sich). Für mich gibt es keine Folgen und keine Strafe. Ich bin kein Mensch. Ich stehe über den Dingen. 1,65 m groß und trotzdem über euch. Ich bin euer Boss, euer Endgegner, Gott, Allah, Buddha, Vishnu, Jesus und wie sie alle heißen. ICH BIN ALLES! Nur eben kein Mensch. Ihr könnt auch gerne zu mir beten. Tut euch keinen Zwang an. Aber tut mir leid, wenn ich euch enttäuschen muss. Denn für mich bleibt ihr dennoch einfache Menschen. Meine Meinung und mein Wort werden immer über den euren stehen. Das alles hier ist nicht mehr Deutschland, nicht mehr Europa. Hat ja eh alles nie existiert. Erst jetzt, nachdem ich mich aus dem Nichts erhebe wie ein Phönix, gibt es ein wirkliches Land. Das alles ist jetzt MEIN Reich.

Und es soll Phantasialand heißen.

Weil meine Eltern früher nie mit mir in den Erlebnispark gegangen sind. Ich wollte da immer hin. Tja, jetzt mache ich mir meinen eigenen Park. ALLES ist MEINS! Und der Erlebnispark wird umbenannt oder abgerissen. Je nachdem wie sie kooperieren. Freier Eintritt und kein Anstehen auf Lebzeiten ist ja wohl das Mindeste.

Meinen Regierungssitz werde ich am besten irgendwo am Strand errichten – mit Blick auf´s Meer. Hatte nicht Hitler so was auf Rügen geplant?

So ein Kilometer langes Ding. Das will ich! Oder vielleicht einen Turm. Den HÖCHSTEN und BESTEN Turm von allen. So hoch, dass ich auf ewig über euch stehe. Metaphorisch und tatsächlich. Ich werde auf euch alle herabblicken. Über die ganze Welt. Auch über das Ausland. Also die Amerikaner und Afrikaner. Das sind ja auch nur Menschen. Pech, wenn die, die Realität nicht anerkennen. Mir gelingt das ja auch erst seit Kurzem. Vielleicht lass ich mir das patentieren. Dann gilt das nur für mich. Auf immer und ewig bin ich dann über euch. Kein Mensch. Kein König. Kein Gott. Ein Gottkönig. Nein, ein GOTTKAISER. Der größte GOTTKAISER in der Geschichte der Menschheit. Wobei, ich bin ja kein Mensch. Kann ich dann eigentlich noch etwas patentieren lassen, wenn ich kein Mensch bin?

Egal, das wird sich klären. Ich stehe schließlich auch über dem Patentamt. Und wenn ich es kaufen muss. Das heißt, nicht wirklich kaufen, weil Geld existiert ja nur in euren Köpfen. Aber ich als GOTTKAISER kann ohnehin alles kaufen. Nein, muss ich ja gar nicht. Gehört alles mir. ALLES. Ich vergess´ das immer wieder. Ist alles noch so neu für mich.

Ich sollte eine Biographie schreiben. Oder besser, schreiben lassen. Von tausend nackten Frauen, während mich tausend andere nackte Frauen massieren. Überhaupt sollte es nur noch Frauen geben. Alle Männer stören nur. Die sollten nur für mich da sein. Nur noch für den GOTTKAISER. Und die Männer werden Sklaven und halten das System am Laufen. MEIN System. Und ein jeder soll dann meine Biographie besitzen und lesen. Bibel, Koran, Tora, Magna Carta – alles auf einmal. Ich bin euer GOTTKAISER, eure Religion. Im Gegensatz zu euren alten Göttern bin ich wenigstens real und ansprechbar. Und wenn ihr Glück habt, werde ich sogar antworten. Wobei ihr mir – ehrlich gesagt – ziemlich am Arsch vorbei geht. Von daher wird wohl doch alles beim Alten bleiben. Also für euch zumindest. Ich bin endlich FREI! Ich kann machen, was ich WILL! ALLES ist MEIN!

Ich enthebe mich. Sage mich vom Menschsein los. Ich bin mehr! Preiset mich! HEIL MIR!

Diese Stadt

Zuerst war da nur ein Fleckchen Erde. Ungenaues Etwas. Wiese, Wälder, Natur. Tiere sprangen durch die Gegend. Jagten sich, liebten sich, aßen sich. Darüber die Vögel, ewige Beobachter, frei von allem. Irgendwann aber war dann da dieser Siedler auf der Suche nach einem neuen Leben. Er wollte etwas Neues aufbauen. Also setzte er den ersten Stein. Dieser Stein wich einem Haus, das Haus einer Straße, die Straße einem Kreisverkehr. Immer im Kreis, rundherum, kein Ende in Sicht. Und die Stadt wächst und wächst. Sie entwickelt sich, entfaltet sich, entdeckt sich, versucht, sich selbst zu begreifen. Und die Menschen darin globalisierten sich. Wollen alles bei sich in der Nähe haben. Die Welt in einer Stadt, in einem Dorf, in einem STEIN. Und was nicht mehr reinpasst, wird online bestellt oder vergessen. Die kleinen Läden sterben weg, die Familien verarmen. Die Stadt wächst und stirbt trotzdem von innen. Ausgehöhlt von den eigenen Bewohnern, die zwar noch in ihr wohnen, aber nicht mehr wirklich da sind. Die nach mehr streben. Nach einem Leben aus Kleidung und Essen und Deko und Plastik und Müll. Und so viele schreien „fridayforfuture", mit dem Coffee-to-go-Becher in der Hand. Der aus Bambus steht daheim, vergessen.

Ist zwar genauso wenig recyclebar, aber der Spruch darauf ist so süß. Und alle sind sie dabei die Welt zu verbessern. Sie alle connecten sich, aber keiner kennt den Nachbarn mehr beim Namen. Und alles wird groß und eins. Und das Individuum wird eine amorphe Masse aus verlorengegangen Wünschen und Sehnsüchten. Und jeder weiß das und geht trotzdem an den geschlossenen Läden vorbei, kauft bei Amazon und schimpft auf das viele Verpackungsmaterial.

Was ein paar Endorphine einen doch vergessen lassen.

Und all die Bewohner, ob neu hinzugezogen oder alt eingesessen, wissen nicht mehr, wohin mit sich und diesem Dorf. Oder Stadt, Land, Welt? Was ist das hier eigentlich? Wo hört das eine auf und wo fängt das andere an? Und was sind schon Grenzen, wenn sie nur auf dem Papier zu sehen sind, aber in der Realität ganze Generationen vernichten können?

Diese ganze Masse aus Häusern und Straßen und Menschen bäumt sich mächtig auf für einen letzten Atemzug und lacht zynisch dem Ende entgegen. All das, dieses globalisierte, große Ganze, spricht eine Sprache. Hat eine Geschichte, ein Ziel. LEBEN. Gebündelt in Hütten und Straßen, Häusern und Bäumen, Parkgaragen und Museen, Schlössern und Hinterhöfen. Wir sind nur Gäste. Und die Städte unsere Zelte. Teilen, pflegen und genießen wir sie, solange sie der ewige Sturm des Kosmos noch nicht weggefegt hat.

Der Behinderte

Da ist dieser geistig Behinderte. Er kann sich nicht bewegen. Er weiß nicht warum. Er liegt in einem weißen Raum. Auf seiner Wolke. Alle anderen sagen Bett, aber er nennt es Wolke. Da ist ein Fenster. Jemand öffnet es. Spricht mit dem Behinderten. Hoch und langsam, wie mit einem Kind. Sie geht. Irgendwann kommt jemand anderes herein. Sieht sich kurz um und geht wieder. Es war sein Vater. Dann kommt wieder die Frau herein. Die mag er am liebsten. Sie ist nett. Sie gibt ihm Essen, macht ihn sauber und hilft ihm sogar, wenn das Essen wieder Tschüss sagt. Er nennt sie Nana. Er muss immer lachen, wenn sie kommt. Also nicht immer. Weil oft, da ist er auch traurig. Er weiß nicht genau warum, aber irgendetwas in ihm macht ihn traurig. Aber dann gibt es Wackelpudding und er ist wieder glücklich. Dank Nana.

Nana bringt ihm auch oft kleine bunte Stückchen, die er schlucken muss. Das mag er nicht. Die bleiben manchmal stecken und das tut dann weh. Am liebsten guckt er aus dem Fenster. Es passiert zwar nicht viel, aber da steht ein Baum. Und Wiese ist da auch. Mal ist es bunt, mal grün, mal weiß. Manchmal auch grau und verwischt. Dann ist das Fenster aber immer zu.

Der geistig Behinderte hat nur noch einen Vater. Seine Mutter starb bei seiner Geburt. Aber das weiß er nicht. Er weiß eigentlich gar nichts. Aber er FÜHLT sehr viel. Wenn sein Vater hereinkommt, fühlt er sich zum Beispiel immer schuldig. Auch wenn er kein Wort von dem versteht, was dieser manchmal traurige, manchmal wütende Mann sagt. Und er sagt fast nie etwas. Er kommt nur herein, wenn er denn mal kommt, und sieht sich um. Ganz selten sieht er dann auch den geistig Behinderten an – wütend, traurig, enttäuscht – und geht dann wieder. Aber er hat ja Nana. Wenn sie kommt, ist die Welt bunt. Sie spielt mit ihm, bringt ihn zum Lachen. Streichelt ihn. Er mag es von ihr berührt zu werden. Wenn sie ihm über den Kopf fährt oder seine Hand nimmt.

Irgendwann aber kommt Nana immer seltener. Und wenn sie da ist, dann immer nur sehr kurz. Sie streitet mit dem Mann. Der geistig Behinderte hat Angst und schreit. Der Mann, sein Vater, er schreit auch. Schreit ihn an. Er fühlt sich schuldig. Schlecht. Traurig.

Allein.

Nana ist immer so schnell wieder weg. Sie macht alles schnell. Sie wäscht ihn schnell. Füttert ihn schnell. Und spielen will sie gar nicht mehr. Das macht ihn traurig. Sehr traurig.

Streit. Sie kommt. Geht. Vater rein. Kopfschütteln. Tränen. Geht. Nana kommt. Füttert. Geht.

Vor dem Fenster landet ein Vogel. Er singt ein schönes Lied. Zwitscher, zwitscher. Der geistig Behinderte mag das Lied. Zwitscher, zwitscher. Er zwitschert zurück. Der Vogel singt mit ihm. Sitzt auf dem Baum und singt mit ihm. Singt ein trauriges, einsames Lied. Nana kommt und sie singen immer noch. Der Mann kommt und sie singen immer noch. Ein Lied über so viel. So viel FÜHLEN.

So viel fühlen ...

Der geistig Behinderte weiß nichts von zu wenig Pflegekräften, überfüllten Krankenhäusern oder falschen Wahlkampfversprechen. Aber er fühlt es. Zwitscher, zwitscher.

ER FÜHLT ALLES.

Der freie Maler

An einer Straßenecke in der Nähe eines Cafés sitzt verbotenerweise, das heißt, der Stadt nicht gemeldet, ein junger Mann vor einer Staffelei samt Leinwand. Es ist Mittag und die Straßen gut belebt, was dem Mann einiges an Aufmerksamkeit beschert. Viele betrachten ihn, überlegen was er wohl zu malen gedenkt. Denn in der Tat ist es so, dass er den Pinsel zwar schon bereithält, alleine seine Augen sind in tiefste Grübeleien versunken, auf das tiefe Weiß der Leinwand geheftet. Stunden vergehen, ohne dass er auch nur eine Bewegung macht. Beinahe könnte man meinen, er selbst sei ein in Stein gehauenes Kunstwerk und der eigentliche Künstler schon längst weitergezogen, um sich anderswo zu verewigen und seinem Geist freies Geleit zu geben. Als die Sonne nun schon tiefer steht und die hohen Dächer der schmalen Gassen lange Schatten über die Pflastersteine des großen Platzes werfen, auf dem unser Maler sitzt, kommt plötzlich ein kleines Mädchen dahergerannt, um eben jenen am Hosenbein zu zupfen. Was er male, will sie wissen, die Mutter ignorierend, die erschrocken und entschuldigend hinterhergelaufen kommt, in dem schlimmen Glauben den Mann mitten in seiner Arbeit zu stören. Dieser jedoch lächelt nur und antwortet, er wisse es noch nicht, da ihm noch kein geeignetes Motiv erschienen sei.

Ob sie nicht Modell sitzen dürfe, fragt das kleine Mädchen daraufhin, was die ohnehin schon peinlich berührte Mutter nur noch mehr erröten lässt und dazu bewegt, sie nun endgültig am Arm zu packen und fortzuschleifen. Doch ehe sie zwei Schritte getan haben, willigt der Maler ein, indem er schlichtweg sagt: „Gewiss, warum nicht."

Die Mutter, nicht minder dankbar als ihre Tochter, die sich sogleich in Pose stellt, fragt noch schnell, was dafür zu bezahlen sei, doch der Maler winkt nur ab und spricht seinerseits einen großen Dank mit einhergehender Verbeugung aus. So kommt es also, dass er den ersten Pinselstrich seit Langem macht. Wir wissen nicht seit wann. Die Möglichkeit, dass es Jahre her ist, ist ebenso wahrscheinlich, als dass er erst gestern zuletzt gemalt hat. Immer wieder blickt er prüfend zu der Kleinen, die fortlaufend von ihrer Mutter ermahnt wird, ja artig und still zu stehen, da der Mann sonst nicht malen könne, wo er doch schon so freundlich sei und keinen Lohn erwarte. Natürlich hat sie vor ihm dennoch etwas zu geben, allein wie viel will sie erst entscheiden, nachdem sie das Bild gesehen hat.

Kleine rosa Schuhe, ein rotes Kleid, viel Farbe ist nicht nötig, um das Mädchen zu zeichnen. Und doch steht dieses mehrere Stunden bis in die Abenddämmerung vor dem Maler, obwohl dieser freilich eine gewisse Methode anwendet, um alles möglich lebhaft, aber nicht unbedingt detailgetreu zu zeichnen, was ihm viel Zeit erspart. Plötzlich legt er den Pinsel beiseite und dreht die Staffelei nach einem letzten prüfenden Blick um.

Die beiden Frauen, jede ihrem Alter entsprechend die Aufregung etwas anders ausdrückend, die Mutter mit offenem Mund und skeptischem Blick, die Tochter lachend und klatschend, erschrecken zutiefst, als sie das Bild sehen. Die Tochter beginnt plötzlich zu weinen, die Mutter findet keine Worte. Nur ein ungläubiges, von Schauder erfasstes Gestammel. Der Maler indes steht neben seinem Werk und lächelt, die Reaktionen offensichtlich genießend. Das Bild ist ihm durchaus gelungen, wie er findet. Er hat sich jeglichen Freiraum gegönnt. Jede Farbe benutzt, die ihm zugerufen hatte, und der Muse mit Vergnügen gehorcht und beherzt zugegriffen. Er hatte den großen Pinsel mit der gleichen Lust geschwungen, wie den Kleinen sachte geführt. Das Kind vergräbt inzwischen das Gesicht in seiner Mutter Schoß, während diese den Künstler mit Flüchen überhäuft, immer noch schockiert über das Gezeichnete.

Allein dem Maler ist es scheißegal. Das ist sein

Werk. Seine Arbeit. Er hat getan, was er für richtig hielt. SO, FUCK OFF! Wo ´n Steinmetz wild drauf los hämmern, ´n Musiker mit einem Mal das Tempo ändern darf, durfte er malen WORAUF und WIE er eben Lust hat. KUNSTFREIHEIT. Eben so wie ´n Schriftsteller jederzeit die FREIHEIT besitzt (Art. 5 III GG) zu wechseln zwischen Stil KOMMA Personen KOMMA Orten KOMMA Zeit KOMMA Sprache KOMMA Gedanken KOMMA Texten und all dem anderen Gewirr KOMMA, das ihm den Raum zum Atmen gibt. Denn wir sind Menschen, die atmen MÜSSEN. Die nicht anders können als zu ATMEN. WEIL WIR SONST PLATZEN. Und wir atmen mit einem Instrument, Pinsel, Stift oder was auch immer unser Geist, unsere SEELE bezwungen hat. Wir finden einen Weg zu ATMEN. Unsere Luft, unsere SEELE zu kanalisieren. Unseren Gedanken Leben zu geben, weil wir DURCH sie leben. Wir müssen uns MITTEILEN. Wir sind wie eine Pusteblume, die sich selbst anpustet, um ihre Gedanken davonzutragen. Und auch wenn es uns tötet, wir tun es in der geringen aber einzigen Hoffnung, dass dieses kleine, nichtssagende Etwas, das wir unser Eigen nennen dürfen, IRGENDWO und IRGENDWANN keimen wird. Und wer weiß ... vielleicht schaffen wir so sogar ein ganzes Feld.

JA!, wir sterben. Aber irgendetwas wird bleiben.

MUSS bleiben. So denken die Künstler.

Zumindest denkt so unser junger Maler, der seinen beiden ersten Kunden, auch wenn sie nicht gezahlt haben, freundlich hinterher winkt, um dann weiterzuziehen, in der Hoffnung irgendetwas zu finden. Glück. Sinn. Freude. Liebe vielleicht.

DROP THE BRUSH. PEACE OUT!

Auf dem Bild sehen wir das Mädchen mit hinter dem Rücken gekreuzten Händen. Ihr Kopf jedoch fehlt. Stattdessen ragt aus ihrem aufgeplatzten Torso ein riesiger Vogelkopf hervor, der mit weit aufgerissenem Schnabel Richtung Himmel schreit.

Tu es

Ich war neulich in einer Kneipe. Da sehe ich am Tresen eine umwerfende Frau stehen. Mit allem Drum und Dran. Zwei Beine, zwei Arme, ein Kopf. Gott sei Dank, zwei Köpfe wären ja auch irgendwie seltsam. Andererseits zählt das als Dreier? Egal, jedenfalls wirklich phantastisch. 1A. Fast schon AA. Wie bei so einer Batterie. Also 1AAAA, oder besser: 1 Duracell! Da steht also diese 1-Duracell-Dame und ich höre sofort in meinem Kopf diese innere Stimme dröhnen:

Ey Bruder!

Keine Ahnung, warum meine Stimme mich Bruder nennt. Is´ halt so.

Ey Bruder, i bims deine Stimme vong Inneren her. An die Braut musst du ran. So ´ne Chance kriegst du nur einmal im Leben. HÖCHSTENS!

Ich bemerke, dass meine innere Stimme in dieser Situation wohl schon einiges an Blut in andere Regionen abgegeben haben musste und somit enorm an Intelligenz verloren hatte.

Bruder, deine Chance. TU ES!

Okay, denke ich. Recht hat sie. Aber wie? Der erste Spruch muss schließlich zumindest so gut sein, dass er von den Schweißflecken unter meinen Achseln ablenkt. Diese dunklen Ringe sind inzwischen so groß geworden, dass ich schon glaube, einen kleinen Gollum schreien zu hören: „Mein Schatz." In Wirklichkeit ist es aber meine innere Stimme, die weiter drängt.

TU ES Digga, TU ES!

Digga? Keine Ahnung was da oben los ist. Ich versuche, mir also einen passenden Anmachspruch zu überlegen. Dabei komme ich mir in meinem betrunken-verschüchterten Zustand allerdings vor wie ein behinderter Affe, der versucht ein Dreieck in einen Kreis zu stecken und wütend wird, weil er nicht an seine Belohnung kommt. In meinem Kopf ploppen plötzlich Erinnerungen aus meiner Schulzeit auf. „Subjekt, Prädikat, Objekt", höre ich meine kleine, verschrumpelte Lehrerin sagen.

Bruder, was soll'n das jetzt? Mach das weg, mach das weg!

´Tschuldige, sag ich mir selbst.

Is´ ja widerlich!

Erneut entschuldige ich mich und versuche weiter, wie ein Kleinkind seine Bauklötze, Wörter zurechtzulegen. Bis jetzt steht da: Hi. Ich bin Julian.

Bruder, dein Ernst? Wo is´n da die Anmache? Wo is´n das Flirtaroma, Digga?

Ich habe inzwischen keine Ahnung mehr, wovon die Stimme eigentlich redet. Aber sie hat recht, irgendetwas fehlt da. Ich will der Frau zum Beispiel

unbedingt noch sagen, dass sie schön aussieht.
Bruder, ich weiß was. Sag ihr: Ey, krasser Body.
Gehst sicher oft trainieren. Bock auf 'n bisschen
Workout in meinem Bett?
Ich tue jetzt einfach mal so, als hätte ich das nicht
gehört. Es darf natürlich nicht zu aufdringlich sein,
aber andererseits muss es ja auch ankommen. Ich
muss ihr in Erinnerung bleiben. Kurz überlege ich
ernsthaft, ihr einen Zettel zuzuwerfen. Ich lasse
meinen Kopf verzweifelt auf den Tisch fallen. Das
kann doch nicht so schwer sein. Letztendlich hilft
nur noch eins: Mut antrinken. Ich will mich
schließlich selbstsicher und cool fühlen. Also sauge
ich meinen Sex on the Beach extra schnell durch
den Strohhalm.
Wahnsinnig männlich. Bruder, ich hab' dir gleich
gesagt: Bestell das nich'. Was los mit dir?
Was los mit dir!
Ey, deine Mutter, Digga.
Deine Mutter!
Ich ficke dich! - Seltsamer Gedanke.
„Nein, ich ficke dich!", kontere ich elegant. Leider
fällt mir dabei auf, dass ich das gerade laut gesagt
habe. Und nur der dröhnenden, immer gleich
klingenden Musik habe ich es zu verdanken, dass
zwar die Nebentische mich etwas irritiert und
verängstigt angucken, meine Traumfrau am Tresen

aber offensichtlich nichts mitbekommen hat.

Okay, Vorsicht jetzt, denk ich. Bloß nicht den Kopf verlieren. Alles cool, halb so wild. Sie ist ja auch nur ein Mensch. Geh einfach hin, sag das Erste, was dir einfällt, und fertig. Und tatsächlich schaffe ich es aufzustehen. Die Nebentische atmen erleichtert auf. Ich taste mich langsam aber stetig durch den Raum, immer näher an die Frau am Tresen ran. So muss sich Trump bei seinen Reden immer fühlen. Von allen beobachtet, aber völlig planlos. Und dann, plötzlich, steh ich da. Und sie neben mir. Ich wage nicht sie anzugucken.

Digga, was soll das? Weißt du wie strange das is´, wenn du einfach nur so dastehst und vor dich hin glotzt wie so 'n Zombie? Bruder, mach was! Jetzt!

Ich will, aber ich kann nicht. Ich stehe weiterhin nur neben ihr. Einfach so. Gequetscht zwischen zwei Stehhockern, unfähig mich zu setzen, starre ich vor mich hin. Fünf oder zehn Minuten – keine Ahnung. Ich glaube, die Leute haben schon angefangen, mich für einen Teil der Dekoration zu halten.

TU ES!, ist das Einzige, was ich höre.

Erst die Frage des Barkeepers, was ich trinken will, reißt mich aus meiner Starre. „Ach so, ja. Äh, einen Sex on the – ICH MEINE WHISKY!", korrigiere ich mich schnell selbst und sage es extra ein wenig lauter, so dass es die Frau hören muss.

Das is´ mein Mann, Bruder! Und jetzt, TU ES!
Ich bekomme also das männlichste Getränk, das mir gerade eingefallen ist, nippe daran und finde es ekelhaft. Und dann drehe ich mich doch tatsächlich zu der Schönheit neben mir. Ich warte, bis sie mich ansieht. Nicht weil ich eine Spannung erzeugen will, ich bin nur noch nicht bereit, etwas zu sagen.

Digga, was stimmt denn nich´ mit dir? Wie creepy is´n des. Die merkt doch, dass sie da jemand von der Seite anstarrt, Alter. Sag was, sonst glaubt sie, du willst sie zerstückeln oder lebendig im Keller begraben. Oder beides.
Da hat die Stimme leider nicht ganz Unrecht. Also nehme ich all meinen Mut zusammen und sage: „Hi..."

Sie dreht sich um, sieht mich an und erwidert meine Begrüßung mit einer Stimme, die mir das Herz in die Hose rutschen lassen würde, wenn da noch Platz wäre. Aber ihr Aussehen, was soll ich sagen, weckt den Tiger in mir. Lässt die Palme wachsen. Weckt den Willi auf. Lockt den Zyklopen hervor. Ihr versteht schon, was ich meine.

Bruder, sag was! TU ES!
Ich lächele und sehe sie lange an. Doch dann.
„Krasser Body.", höre ich mich auf einmal sagen.
Oh nein, bitte nicht. Nein, das darf nicht wahr sein.
Plötzlich werde ich zur Stimme!

„Gehst sicher oft trainieren."
Bitte, das kannst du nicht sagen. Oh Gott, dreh dich um, renn´ weg. Alles ist besser als das!
„Bock auf ´n bisschen Workout in meinem Bett?"
NEIIIIIIIIN!
Und dann passiert das Unglaubliche. Sie sagt JA ... sie sagt zu diesem Schwachsinn doch tatsächlich JA! Tja, mein Glück, dass wir wohl alle eine innere Stimme haben, die uns ab und an wider aller Vernunft zuruft: *TU ES!*
Und wie man sieht, lohnt es sich manchmal, darauf zu hören.

Das Verlangen nach dem Oreo-Cheesecake

Da ist dieses Verlangen. Das Verlangen nach etwas, das man nicht wirklich kennt, aber trotzdem unbedingt haben will. Kennt ihr das, wenn man zum Beispiel auf einer Speisekarte Oreo-Cheesecake liest, dass man das dann unbedingt bestellen muss? Wirklich, man MUSS. Sonst würde man weinen. Oder sterben. Oder beides. Und das, obwohl man ja nicht einmal weiß, wie dieses Ding aussieht. Geschweige denn wie es schmeckt. Ist der Boden aus Oreokeks und der Rest normaler Käsekuchen? Ist Oreofüllung mit im Käsekuchen oder Keksstücke oder beides? Sind einfach nur ein paar Krümel oben drauf gestreut oder gar nur zwei Oreokekse hinten dran geklebt? So viele Möglichkeiten und dennoch: Man MUSS ihn haben. Weil wir alle LIEBEN doch Oreokekse und Käsekuchen.
Leider läuft einem dabei aufgrund der hohen Erwartungen aber meist schon so dermaßen das Wasser im Mund zusammen, dass der eigentliche Kuchen diese nie erreicht. Sie sind alle geil, ohne Frage. Aber eben nie so, wie mann sie sich vorgestellt hat. Denn ehrlich gesagt, weiß mann gar nicht, was genau mann sich eigentlich vorgestellt hat. Es war einfach nur dieses Verlangen nach etwas Unbekanntem, das aber bestimmt geil ist. Geil sein

MUSS. Weil es geil klingt oder geil aussieht oder geil riecht oder sich geil anfühlt. Und genau dieses VERLANGEN ist überall.

Mann ist ein JA-Sager. Ein Typ, der ALLES haben will, weil er glaubt, NICHTS zu haben. Eines dieser armen Würstchen, die Yoga machen, um sich trendy zu fühlen. „Achte auf deine Atmung." - Als ob! Hauptsache es sieht gut aus. Foto machen und auf Insta stellen. Kommentar: HASHTAG Pures Glück HASHTAG Gesund leben HASHTAG Ich liebe mein Leben.

Mann ist ja auch ein totales Werbeopfer. Ein MITLÄUFER. Mann will eben, was der Rest auch hat. Mann kauft alles, was da gezeigt wird. Duplo in weißer Schokolade?! JA LECK MICH AM ARSCH! Alter Schwede, wie geil ist das denn???

Antwort: Geht so. Schmeckt nämlich genauso wie das andere. Trotzdem: WOW! Weiß oder schwarz, ganz egal, Hauptsache Mann hatte sie alle.

Oder diese Bubbleteas. Dieser Trend vor einigen Jahren. Aus China oder Japan oder USA oder was weiß ich, woher diese ganzen Trends immer kommen. Ist auch voll egal, woher sie kommen, jedenfalls waren die MEGA GEIL und TOTAL ANGESAGT. Und weil Mann auch MEGA GEIL und TOTAL ANGESAGT sein will, hat Mann sich die natürlich reingezogen und bis auf den letzten

Bubble ausgeleckt. Sämtliche Varianten. Geschmack: Zucker mit Zucker. Konsistenz: Schneckenschleim.

Aber klar, immer her damit! Sieht nämlich geil aus. Klingt auch geil. BUBBLETEA. Wie Hello Kitty zum Trinken. Und wer weiß, vielleicht lernt Mann ja jemanden kennen.

Es gibt ja hier, wo ich wohne, so einen kleinen Leberkäseschuppen für die Besoffenen. Hammergeiles Konzept! Weil Besoffene fressen ja alles. Und mal ehrlich, NIEMAND weiß, was genau in Leberkäse drin ist. Mann will das auch gar nicht wissen. Ist doch scheißegal, was da drin ist. Woher das kommt und was das durchgemacht hat und so. Hauptsache es schmeckt. Mann will das einfach nur genießen! Vor allem nachts um halb drei. Und wenn Mann dann da an die Theke kommt und der Typ fragt: „Was willst du haben? Leberkäse, Weißwurstleberkäse, Käseleberkäse, Pizzaleberkäse, Speck-Zwiebel-Leberkäse, Currywurstleberkäse, Chilileberkäse, Champignon-Pistazien-Leberkäse, Chili-Knoblauch-Leberkäse ODER Paprikaleberkäse?", dann sagt Mann nur: „Wieso oder?"

Mann will alles! ALLES will Mann haben in diesem Leben. Mann hat ja nur dieses eine. YOLO! Und da sind wir doch alle gleich, oder? Wir sind doch alle so

GLEICH. Wir wollen ALLES, weil wir ALLES haben können, weil es ALLES gibt. TOYOTA, NICHTS IST UNMÖGLICH! „Grab them by the pussy!" – „God bless America!"

Frauen im Club zum Beispiel. Die tanzen da dann immer so schön. Und MANN will das dann einfach, oder? MANN will das einfach probieren. Klar, verständlich, warum nicht? Ran an den Speck. Im wahrsten Sinne des Wortes. Dafür ist Tanzen doch da. Spaß haben. YOLO! Und niemand kann einem vorschreiben, wie MANN tanzt. Mein Gott, da reibt MANN sich schon mal an einem Arsch. Und dass die Hände mal hier und mal dort landen, ist doch nur natürlich. Das gehört doch dazu, oder? Weil MANN will das ja. Das ist diese Lust nach dem Unbekannten. Dieses Verlangen nach AUSPROBIEREN und HABEN wollen und BESITZEN wollen.

ALLES gehört einem auf dieser Welt! Denn wie gesagt: YOLO! Ein Leben, eine Welt. Das heißt ein MÄNNERleben, eine MÄNNERwelt! Einfach ALLES ausprobieren. Mal da ein Leben zerstören, mal da jemanden anfassen, mal kurz in den Knast, dann wieder raus, weil der Richter ist natürlich ein Mann, genauso die Anwälte, und das ganze System, dann Drogen, Geldprobleme, wieder ein Leben zerstören, dann wieder Party, dann wieder Frauen, alle Frauen,

Leben zerstören, wieder Knast, wieder raus, it´s the circle of life, ´cause you only live once!

YEAAAAAH!

Aber MANN ist nicht gleich Mann.

Ich persönlich zum Beispiel mag ja stinknormalen Käsekuchen von Muttern am liebsten.

Wahr

Für Paul

Wahr zu sprechen ist wohl das Schmerzhafteste, das es gibt. Doch ist es auch der Grundstein für die Freiheit. Sprechen wir also wahr, sind wir frei.

Ich habe Angst zu versagen. Angst nicht zu genügen. Meinen Traum aufzugeben. Nicht weil ich damit nicht klarkäme, sondern weil ich Angst vor den Reaktionen der Anderen habe. Diese Blicke, die einem sagen, tut mir leid, dass du es nicht geschafft hast. Schmerzliche Blicke, die dich bemitleiden, bedauern, als wärst du ein Gefallener. Ganz egal, ob du deinen Traum freiwillig aufgegeben hast oder nicht. All diejenigen, die diesem Traum weiter hinterherjagen, werden dich als Opfer ansehen. Als Versager. Davor habe ich Angst. Wenn wir alle laufen, was bin ich, wenn ich stehenbleibe? Ich habe Angst davor, mein Leben zu ändern, weil das automatisch bedeuten würde, zugeben zu müssen, dass das vorherige nicht richtig war. Falsch war. Schlecht war. Ich will nicht aufgeben. Ich will nicht als Verlierer gelten. Wir laufen alle diese Karriereleiter hoch. Aber was, wenn ich eine andere Leiter benutzen möchte? Bedeutet dieser Wechsel nicht auch, dass ich für die vorherige Leiter zu schwach war? Dass mir die Luft zu dünn wurde und ich den Druck nicht mehr ausgehalten habe? Bin ich ein Versager, wenn ich etwas anderes will als jetzt? Ist es nicht furchtbar, zugeben zu müssen, dass man sich geirrt hat? Eine radikale Änderung wird immer als etwas angesehen, das nur Menschen machen, die noch nicht wissen, wer sie sind. Doch ich glaube, wir alle werden nie wirklich wissen, wer wir sind. Wir tun nur so. Irgendwann gewinnt die Angst und wir fahren unser Leben lang auf dieser einen Schiene dem Ende entgegen. Aus Angst vor dem Unbekannten tun wir so, als wäre das der einzige Weg. Doch das Leben besteht aus so unendlich vielen verschiedenen Gleisen mit so vielen Weichen. Warum sind wir nur so stur und stolz, dass wir nicht einfach mal zugeben können, dass wir gerne mal das Gleis wechseln würden? Nein, lieber leben wir ein Leben, das wir eigentlich nicht mehr ertragen können und belügen uns und unsere Liebsten. All die Ehepartner, die fremdgehen, all die Angestellten, die ihren Job hassen, all die gescheiterten Existenzen, die aufgegeben haben etwas Neues zu beginnen. Ist es das? Die Angst vor dem Neuen?

Geben wir nun auf, wenn wir etwas Neues beginnen oder wenn wir eben nichts Neues mehr beginnen?

Und jedem Anfang wohnt ein Zauber inne ...

Wer bin ich und was will ich? Spätestens nach der

Uni, so heißt es, sollte man das wissen. Aber warum ist es so verpönt, sich selbst finden zu wollen? Sich umzuentscheiden, statt einen Fehler jahrelang als gegebene Realität anzusehen. Ich glaube nicht, dass wir Menschen dazu gemacht sind, ein Leben lang ein und dasselbe zu tun. Wenn wir glücklich sein wollen, müssen wir Dinge loslassen, die uns unglücklich machen. Manchmal eben auch entscheidende Dinge. Auch, wenn es schmerzhaft ist. Wenigstens ist es wahr. Und wir somit frei.

Ob Sonne oder Regen, wir sind dagegen

Für Christina

Ob Sonne oder Regen, wir sind dagegen.
Alles ist falsch, nichts ist uns recht.
Es geht uns viel zu gut und deshalb fühlen wir uns schlecht.
Wir wissen weder ein noch aus,
Und spielen mit dem Glück Katz und Maus.
Wir rennen hinterher, doch der Magen, der bleibt leer.
Denn egal wie viel wir auch kriegen, wir wollen noch mehr.
Wir wollen Ruhe, wir wollen Frieden, wir wollen Schlaf,
Dann wieder alles oder nichts, unser Leben ist uns viel zu brav.
Wir haben einen wundervollen Partner und alles ist gut,
Und trotzdem fragen wir uns, ist es auch gut genug?
Was ist da noch, da draußen in der großen weiten Welt?
Gibt es einen noch besseren Partner, einen noch besseren Job, mit noch mehr Geld?
Alles steht uns offen und wir wissen gar nicht mehr, was wir nehmen sollen,
Denn im Grunde haben wir schon längst vergessen,

was wir eigentlich wollen.
Es ist viel zu viel und alles dringt auf uns ein,
Wir stehen im Regen und wollen nur noch heim.
Wir sind acht Milliarden Menschen und dennoch allein,
Denn der Mensch hat verlernt zu SEIN.

Danksagung

Mein Dank gilt als Allererstes der wunderbaren Frau an meiner Seite. Iris. Ohne sie wäre dieses Buch sicher nie so geworden, wie es jetzt ist. Sie ist mein Anker, mein Zuhause. Danke für deine Unterstützung, danke für deinen Einsatz, danke für dein Aushalten, deine Liebe, deine Stärke.

Außerdem danke ich all meinen Freunden, die mir immer wieder gut zureden und dabei helfen an mich zu glauben. Insbesondere gilt dieser Dank Laura, Ella und Christiane.

Ein ganz besonderer Dank geht an meine Eltern, die mir dieses faszinierende, chaotische, vielfältige und oft umwerfende Leben geschenkt haben, das mich immer wieder überrascht und inspiriert.

Auch all den Zuschauern, die mir nach Lesungen durch Applaus und Komplimenten Bestätigung geben, möchte ich danken. All den Kunst- und Kulturinteressierten, die Künstler unterstützen indem sie Lesungen, kleine Konzerte oder Ausstellungen besuchen. Die Bücher kaufen, Straßenkünstlern Geld geben oder auch einfach mal in einen Independentfilm gehen. Ohne euch wäre die Kunst in dieser Form nicht möglich und die Welt um einiges grauer als ohnehin schon.

Und last but not least: Danke dir, dass du dieses Buch in Händen hältst und gelesen hast. Das ist mir mehr wert, als ich in Worte fassen kann. Danke!